구글과 친해지기
초등생 스마트 스쿨 공부법

구글과 친해지기

초등생 스마트 스쿨 공부법

도서출판
정일

스마트 스쿨로의 변화와 학생들의 학습법 변화(진정한 공유와 협업)

2020년 학교현장에는 많은 변화가 있었습니다. 코로나19로 인하여 온라인 학습이 전국의 학교에서 실시되었고 대면보다는 비대면 수업의 실시, 막대한 예산의 교육현장 투입으로 인하여 와이파이조차 되지 않던 교실을 변화시키고 있습니다.

수업에서는 온라인과 오프라인 수업이 병행되면서 화상회의 프로그램을 통한 실시간 쌍방향 수업, 교사들의 온라인 수업 콘텐츠 제작이 늘어나면서 수업방식이 바뀌고 있습니다.

어디에나 장단점이 있듯이 컴퓨터 화면을 보면서 오랜 시간 과제를 하거나 실시간 쌍방향 수업을 들어야 하는 학생들은 생소한 방식에 적응해야 하는 어려움이 있습니다. 온라인 과제 작성 방식이나 제출에 대한 내용이 익숙하지 않아 과제의 질이 떨어지는 경우도 많아 부모님들은 걱정을 하기도 합니다.

대신 이동시간이나 장소에 구애받지 않고 학습을 할 수 있는 것은 온라인 학습의 장점입니다. 과제 작성 등을 효율적으로 하기 위해서는 구글 드라이브와 같은 온라인 서버에 과제물을 저장하여 학교에서든 가정에서든 혹은 다른 장소에서든 학습을 이어갈 수 있게 하는 것이 중요합니다.

하지만 전국 학교에서 동일하게 온라인 과제 작성이나 각종 온라인 사이트들에 대한 학습이 이루어지지는 않습니다. 왜냐하면 그동안은 온라인에 대한 학습보다는 오프라인 상에서 협동학습, 실제적인 조작 활동, 만들기 등의 체험활동 등이 강조되었고 오프라인에 관한 연구들이 주를 이루었기 때문입니다.

교사들도 본래 영상 제작이나 온라인 방송이 본업이 아니었기 때문에 장기간 자료 제작을 위해 컴퓨터 앞에 앉아있는 고통을 겪었을 것이며 각종 온라인 툴 익히기에 많은 시간을 사용했을 것입니다. 따라서 학생들에게 적극적으로 온라인 툴들을 알려줄 시간은 절대적으로 부족했을 것이라고 생각합니다.

학교에서 온라인 수업에 참여하거나 온라인 과제를 작성할 때 도움이 될 수 있는 책이 없을까 고민하고 있던 차에 함께 책을 써보자는 뜻을 모아 책을 작성하게 되었습니다. 기본적인 기술이지만 학생들이 온라인 과제를 작성할 때 작은 도움이 되길 바랍니다.

바쁜 시간 중에도 책을 쓸 시간을 배려해준
아내들과 가족들에게 영광을 돌리며
김원유·김경상

1장

친구들과 모둠 과제를 하기 위한

화상회의 도구

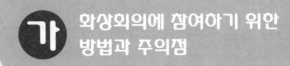

"화상회의나 실시간 쌍방향 수업에 참여하려면 무엇을 해야하죠?"

평소에 많이 받던 질문입니다. 화상회의 방을 만든 주최자는 마이크 및 카메라 등이 필요하고 조명이나 여러가지 기기들이 필요할지 모르겠지만 나머지 참여자는 간단히 컴퓨터나 태블릿, 혹은 스마트폰을 이용해서 쉽게 참여가 가능합니다.

화상회의	필요기기	권한
방 개설자	카메라, 마이크	음소거, 녹화, 화면공유, 채팅
	컴퓨터	
참여자	컴퓨터	화면공유, 채팅

회의를 미리 예약해 두는 것도 중요합니다. 대부분의 화상회의 시스템은

회의 시간을 맞춰 참석자를 초대하거나 미리 링크를 만들어 공유하는 기능
이 있습니다.

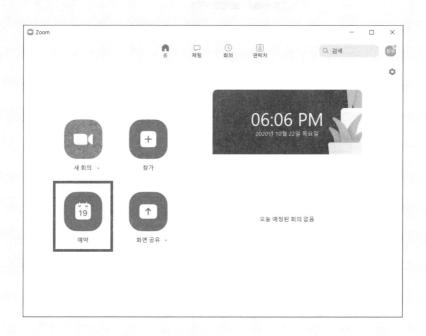

　구글 미트의 경우에는 구글 캘린더와 연동하여 바로 회의를 예약할 수 있
습니다. 회의 시작전 휴대폰 등으로 알람이 오기 때문에 회의를 놓치지 않
을 수 있습니다.

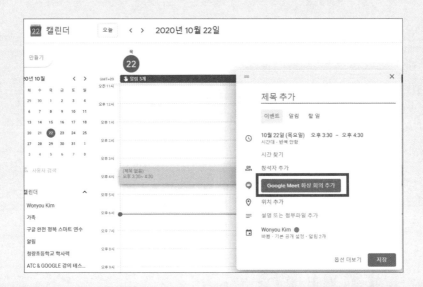

만약 회의에서 구성원들의 동의를 받지 않고 화면 녹화를 시작할 경우 참여자들의 초상권 침해와 더불어 문제가 생길 수 있으니 반드시 구성원들의 동의를 구해야 합니다.

또한 발표자가 발표하는 사이에 마이크가 켜져 있다면 본인의 의사와 상관없이 나의 주변에서 나는 소리로 회의를 방해할 수 있으니 방에 들어갈 때 마이크와 카메라의 상태를 꼭 확인하는 것이 중요합니다.

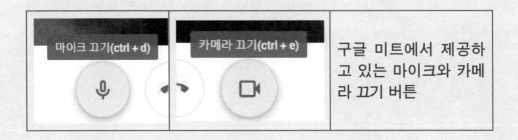

구글 미트에서 제공하고 있는 마이크와 카메라 끄기 버튼

MEMO

_____

_____

_____

_____

_____

_____

_____

_____

_____

_____

_____

_____

나 구글 미트에 대해 알아보고 활용하기

　구글 미트는 구글에서 제공하는 화상회의 시스템으로서 구글 캘린더, 지메일, 구글 클래스룸 등에서 바로 접속이 가능한 메뉴도 제공되고 있어 사용이 편리합니다. 개인 개정에서는 인원수나 기능에 제한이 있으며 구글에서 제공하여 학교가 발급한 교육용 계정에서는 최대 100명까지 접속이 가능합니다.

크롬 브라우저에서 바로 작동하기 때문에 프로그램 작동이 쉽고 가벼우며 음성 전달이 깨끗합니다. 온라인 상에서 화이트보드를 활용하여 협업이나 공동문서 작업이 가능한 점도 장점입니다.

컴퓨터에서 구글 미트를 사용하는 방법입니다.

1 meet.google.com 에 접속합니다. 회의 시작하기 버튼을 클릭합니다.

2 혹시 아직 구글 아이디로 로그인하지 않았다면 다음과 같은 화면이 나타납니다. Gmail 계정이나 기타 학교에서 발급받은 계정 등을 입력합니다.

❸ 비밀번호를 입력하고 다음 버튼을 클릭합니다.

❹ 다음과 같은 화면이 나타나면 마이크 카메라 사용 권한을 허용해 줍니다.

⑤ 다음과 같이 카메라가 활성화 되면서 모습이 나타납니다. 입장하기 전에 마이크를 켜고 들어갈지 혹은 화면을 켜고 들어갈지 배경을 흐리게 만들지 설정할 수 있습니다.

⑥ 설정이 모두 끝났다면 지금 참여하기 버튼을 눌러 입장할 수 있습니다.

❼ 다음과 같이 다른 사용자 추가 메뉴가 뜹니다. 참여 정보 복사 버튼을 클릭합니다.

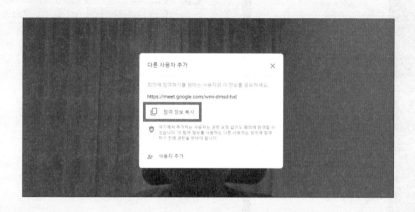

❽ 다른 창에 붙여넣기를 하면 다음과 같은 주소가 복사됩니다. 이런 주소를 다른 참가자들에게 전송하면 사람들이 화상회의에 들어올 수 있습니다.

https://meet.google.com/wmi-dmsd-tvd

❾ 화면 오른쪽 하단에 있는 점 세 개를 클릭하면 다음과 같은 메뉴들이 나타납니다.

❿ 배경 변경을 사용하면 뒤에 나오는 화면을 흐리게 하거나 다른 배경으로 바꿀 수 있습니다.

⑪ 화이트보드 버튼을 클릭하면 다음과 같은 메뉴가 나타나는데 새 화이트 보드 시작 버튼을 클릭합니다.

⑫ 다음과 같은 화이트보드가 나타납니다. 왼쪽에 나타나는 메뉴를 이용 하여 글씨를 쓰거나 메모를 붙여넣거나 이미지를 삽입하여 회의하는데 사용할 수 있습니다.

⓭ 레이아웃 변경 메뉴를 클릭하면 보이는 형식이나 화면에 표시되는 사람들의 숫자를 조정할 수 있습니다.

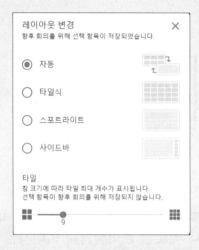

⓮ 오른쪽 하단에 발표 시작 버튼을 클릭하고 내 전체 화면이나 창, 크롬 탭을 선택하여 화면공유가 가능합니다.

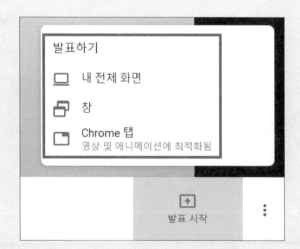

MEMO

ZOOM에 대해 알고 활용하기

Zoom은 전세계 일간 이용자수 1위를 자랑하는 화상회의 플랫폼입니다. 안드로이드/IOS/윈도우/크롬 OS 등 여러 OS에서 사용이 가능하며 세계 1위의 화상회의 플랫폼답게 안정적인 영상과 음성 전달, 공동 작업 도구 기

능, 1:1 및 소그룹 채팅 지원 등 다양하고 강력한 기능을 제공합니다. 개인 무료 계정은 한 회의 당 40분의 시간 제한과, 100명의 인원 제한 및 일부 기능의 제한이 있습니다.

화상회의를 개최하는 사람은 회원 가입을 하여야 하지만 화상회의에 참여하는 사람은 회원 가입이 필요 없어 만약 유료로 제공하는 기능을 사용하고 싶다면 회의를 개최하는 사람만 유료 구독을 하면 됩니다.

Zoom은 구글 미트와 다르게 별도의 클라이언트 프로그램을 설치하여야 합니다. 미트에 비해 다소 불편하다고 생각할 수 있지만, 프로그램 설치가 매우 간단하고 별도의 프로그램에서 동작하기 때문에 더 다양한 화상회의 관련 기능을 제공한다는 장점이 있습니다.

컴퓨터에서 Zoom을 사용하는 방법입니다. 1번부터 Zoom에서 회의를 개설하기 위한 계정 생성부터 안내하고 있습니다. 다만 미성년자는 Zoom 회원 가입이 불가능하기 때문에 이미 개설된 회의에 참여만 하는 학생은 6번 프로그램 설치부터 참고하면 됩니다.

❶ zoom.us 에 접속합니다. 무료로 가입하세요 버튼을 클릭합니다.

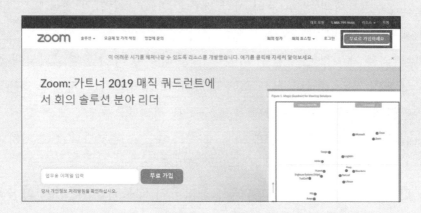

❷ 생년월일을 입력한 후 다음 계속 버튼을 클릭합니다.

❸ 개인정보 수집이용에 대한 안내입니다. 동의함 버튼을 클릭합니다.

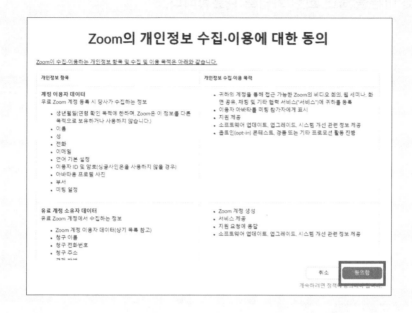

❹ 이메일 주소를 입력한 후 가입 버튼을 클릭합니다. Google 아이디 또는 Facebook 아이디를 통해서 가입할 수도 있습니다.

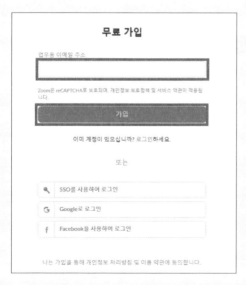

❺ 입력한 이메일 주소로 아래와 같은 인증 메일이 발송됩니다. 계정 활성
화 버튼을 눌러 회원 가입을 완료합니다.

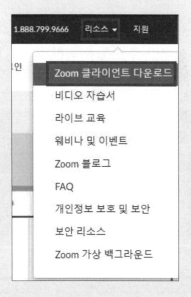

❻ Zoom 클라이언트 프로그램을 설
치하는 방법을 알아보겠습니다.
zoom.us 에 접속한 후 오른쪽 상
단의 리소스 → Zoom 클라이언트
다운로드 버튼을 클릭합니다.

❼ 회의용 Zoom 클라이언트 아래의 다운로드 버튼을 클릭합니다.

❽ 다운로드한 파일을 실행하여 Zoom 클라이언트 프로그램을 설치합니다.

❾ 아래와 같이 Zoom 클라이언트 프로그램이 실행됩니다. 회의를 개설하려면 로그인 버튼, 다른 사람의 회의에 참가하려면 회의 참가 버튼을 누릅니다. 본 책에서는 회의에 참가하는 방법을 알아보도록 하겠습니다.

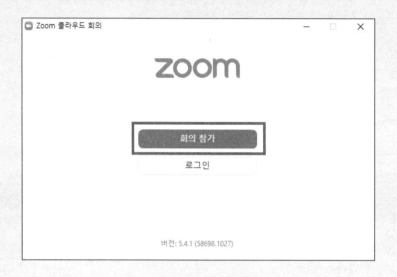

❿ 회의를 개설한 사람이 안내한 회의 ID(숫자 10~11자리)와 사용할 이름을 입력한 후 참가 버튼을 클릭합니다.

⑪ 선생님이 Zoom 회의방을 링크로 제시한 경우에는 링크를 클릭하면 바로 Zoom 회의방으로 연결됩니다.

2. https://us02web.zoom.us/j/7767846485?pwd=bWhSOEx3emtEaWhNL1NjMCtISTlaUT09 로 접속하여 8시 55분까지 원격수업에 참여해주세요.

⑫ 컴퓨터 오디오로 참가 버튼을 클릭하여 줍니다. 이 버튼을 클릭하지 않고 창을 닫는 경우에는 다른 사람의 소리가 들리지 않고, 내 소리도 전달되지 않습니다.

⑬ 화면 왼쪽 상단의 녹색 방패 모양을 누르면 다른 사람을 회의방에 초대할 수 있는 초대 링크를 복사할 수 있습니다.

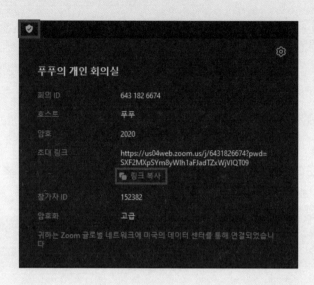

⑭ 화면 하단에는 Zoom 프로그램의 다양한 기능을 이용할 수 있는 버튼이 있습니다. 음소거/비디오 중지 버튼을 눌러 자신의 소리와 영상을 보내지 않을 수 있습니다.

⑮ 비디오 중지 옆의 화살표를 눌러 가상 배경 선택 버튼을 클릭합니다.

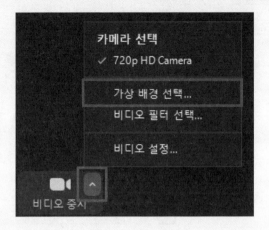

⑯ 뒷 배경을 다양한 가상의 배경으로 가려줄 수 있습니다. 이 기능은 컴퓨터의 사양이 일정 기준 이상에서만 동작합니다.

⑰ 비디오 필터 기능을 이용하면 자신의 영상에 다양한 효과(선글라스, 테두리 등)을 적용할 수 있습니다.

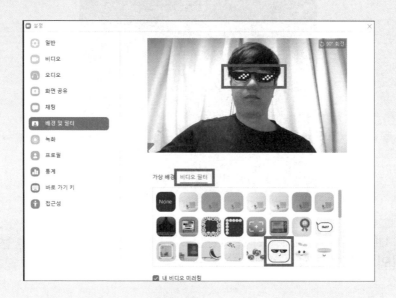

⑱ 화면 하단의 메뉴에서 참가자 버튼을 클릭합니다.

⑲ 회의에 참가 중인 참가자 명단이 나타납니다. 참가자 명단에는 참가자들의 음소거/비디오 전송 상태를 확인할 수 있습니다. 또한 참가자 명단 창 아래의 손들기 버튼을 클릭하여 발표 의사를 표시할 수 있습니다.

⑳ 화면 하단의 메뉴에서 채팅 버튼을 클릭합니다.

㉑ 화면 오른쪽에 채팅창이 나타납니다. 채팅창을 통해서 전체 채팅/1:1 비밀 채팅 등이 가능하며 파일을 전송할 수도 있습니다.

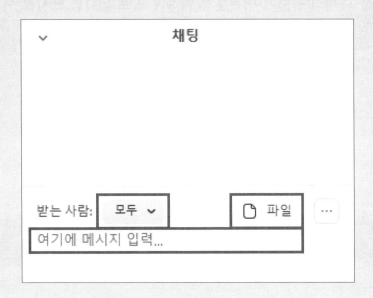

㉒ 화면 하단의 메뉴에서 화면 공유 버튼을 클릭합니다.

㉓ 모니터 화면 전체를 공유할 수도 있고, 실행 중인 한 프로그램만 공유할 수도 있고, 화이트보드를 열어서 공유할 수도 있습니다. 또한 화면 하단의 소리 공유 옵션을 체크하면 컴퓨터의 소리까지 같이 공유됩니다.

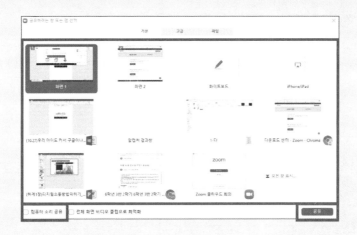

㉔ 화면 공유 창의 고급 탭을 클릭하면 Powerpoint를 가상 배경으로 설정이라는 버튼이 있습니다. 이 기능은 화면 공유 시에는 발표자의 모습을 함께 보는 것이 불편하다는 점을 개선한 기능입니다. PowerPoint를 가상 배경으로 설정 버튼을 클릭한 후 공유 버튼을 클릭합니다.

㉕ PowerPoint 플러그인을 설치합니다. 이 과정은 Powerpoint 가상 배경 첫 실행시에만 진행됩니다.

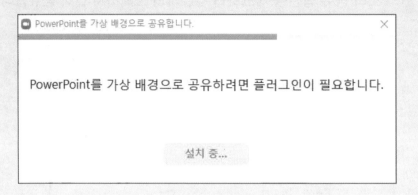

㉖ 열고자 하는 파워포인트 파일을 클릭한 후 열기 버튼을 클릭합니다.

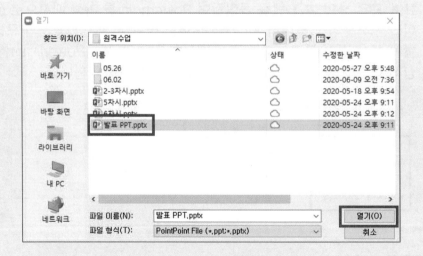

27 사진과 같이 파워포인트 화면 오른쪽 하단의 발표자의 모습이 겹쳐서 나타나게 됩니다. 이 기능은 발표 시에 매우 유용한 기능입니다.

28 발표를 중단하고 싶을 때에는 화면 상단의 공유 중지 버튼을 클릭합니다.

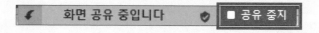

29 회의에서 나가기 위해서는 화면 하단의 메뉴에서 나가기 버튼을 클릭합니다.

30 회의를 개최하는 방법에 대해서 살펴보겠습니다. Zoom 클라이언트 프로그램을 실행한 후 로그인 버튼을 클릭합니다.

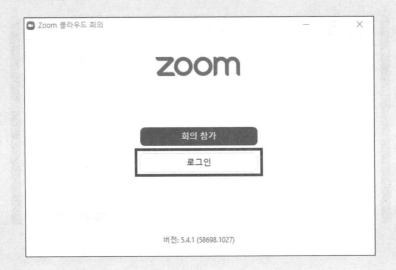

31 아이디와 비밀번호를 입력한 후 로그인 버튼을 클릭합니다.

㉜ 다음과 같은 화면이 나타납니다. 새 회의 버튼을 클릭하여 회의를 개설합니다.

㉝ 회의가 개설되었습니다. 화면 오른쪽 상단의 녹색 방패 모양을 클릭합니다.

㉞ 회의 ID(회의실 번호)와 비밀번호를 참가자에게 알려주거나, 링크를 알려주어 회의 참석자들이 화상 회의에 접속할 수 있도록 안내합니다.

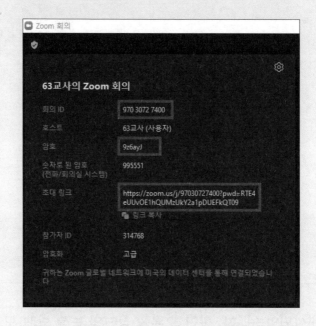

MEMO

2장

구글 문서 도구(Google Docs)를

배워보자

우리나라에서 보통 학생들이 학교 숙제를 제작한다면 한글 오피스 프로그램을 사용하여 문서를 만들어본 경험이 있을 것입니다. 한글 프로그램도 편리하긴 하지만 문서를 저장하지 않아서 날려보거나 USB로 옮긴 파일이 깨져서 실행되지 않거나 하는 경우도 있습니다.

구글 문서 도구를 사용하면서 가장 편리한 점을 고르라면 사람들은 저장 버튼이 없는 것을 이야기 합니다. 언제나 마지막으로 작성한 문서가 구글 드라이브에 최신 상태로 저장되며 이전 버전의 문서들도 저장되어 특정한 시점으로 복원이 가능합니다.

구글 문서 도구 사이트(https://www.google.com/intl/ko_KR/docs/about/)에 접속하면 다음과 같은 화면을 볼 수 있습니다.

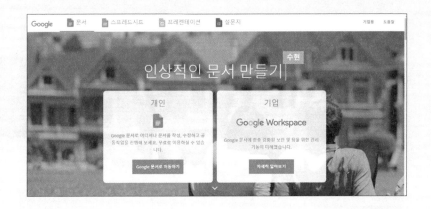

    화면에서 보다시피 구글 문서의 주요 도구는 마이크로소프트의 워드 프로
그램과 비슷한 문서, 엑셀과 비슷한 스프레드시트, 파워포인트와 비슷한 구
글 프레젠테이션, 마지막으로 구글 설문지가 있습니다. 기본적으로 기업에
는 구글 워크스페이스라는 이름으로 서비스를 하며 사용하려면 상당한 비
용을 지불해야 합니다.

    개인에게는 무료로 제공합니다. 단, 구글 드라이브에 저장되기 때문에 저
장하는 파일의 용량이 커지면 구글 드라이브 용량을 구매해야 합니다.

    하지만 학교에서 교육용으로 사용하는 구글 아이디를 발급받는 경우가 있
는데 이 경우는 기업용인 구글 워크스페이스를 무료로 사용하거나 혹은 저
렴한 비용으로 학교 단위로 계약하여 사용할 수 있습니다.

    구글 문서 도구에서 이미지나 동영상 삽입을 바로 할 수 있는 것도 큰 장
점입니다. 문서나 프레젠테이션 안의 웹 검색 메뉴를 이용하여 유튜브 영상
이나 이미지를 다운로드 없이 삽입하여 문서 작성에 걸리는 시간을 줄이고
편의성을 높였습니다.

나 구글 문서로 친구들과 협업하기

선생님으로부터 조별 과제는 받았는데 친구들과 학원가는 시간 등이 맞지 않아서 조별 과제를 하기가 쉽지 않습니다.

게다가 친구들이 한 자료를 서로 받아서 모으다 보니 서로 고친 부분 내용이 다르게 합쳐져서 숙제를 해내기가 어려웠습니다. 구글 문서의 협업 기능은 이런 문제점들을 해결해 줍니다. 팀원들이 동시에 같은 문서를 수정할 수 있고 저장 버튼 없이도 최신 내용이 구글 서버에 저장됩니다.

　공유를 위해서 만든 링크는 카카오톡, e메일 등으로 공유하여 어떤 기기에서든 쉽게 접속할 수 있습니다. 비록 모바일 기기에서는 구글 문서 앱을 깔아야 수정할 수 있지만 맨 처음 한번만 앱을 깔아두면 계속해서 유용하게 사용할 수 있습니다.

　가격적인 면에서도 유료 프로그램인 한글이나 마이크로소프트 워드를 생각하면 무료로 사용할 수 있는 구글 문서는 상당히 매력적으로 다가옵니다.

❶ 구글 문서 사이트로 접속합니다(docs.google.com/document). 나오는 화면에서 '내용 없음' 을 클릭하여 새 문서를 시작합니다.

❷ 먼저 우측 상단의 제목을 입력합니다.

❸ 친구들을 초대하여 문서를 여럿이서 작업할 수 있게 해보겠습니다. 오른쪽 상단에 공유 버튼을 클릭합니다.

❹ 이메일을 보내서 함께 할 수도 있지만 링크를 보내서 친구들과 공유해보겠습니다. 링크가 있는 모든 사용자로 변경을 클릭합니다.

❺ 나오는 메뉴 중 뷰어를 편집자로 변경해 줍니다.

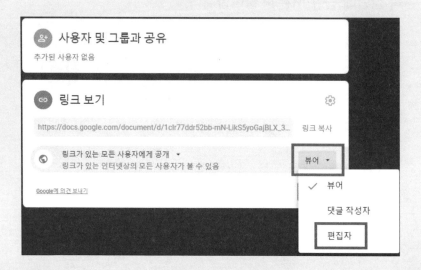

❻ 링크 복사를 눌러 친구들에게 이메일이나 메시지 등으로 친구들에게 보냅니다.

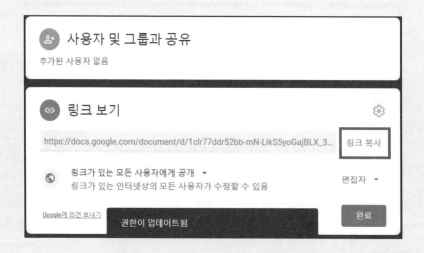

❼ 초대받은 친구는 링크를 클릭하여 들어오면 됩니다. 친구들이 들어온
  것은 오른쪽 상단에 원 모양이 나타나는 것으로 알 수 있습니다.

❽ 동시에 같은 페이지에서도 작업이 가능하며 댓글 추가 등으로 문서에
  대한 의견을 남기며 함께 일할 수 있습니다.

❾ 표를 만들어 보겠습니다. 삽입-표를 선택한 후에 필요한 크기만큼 네모 모양을 선택해 줍니다.

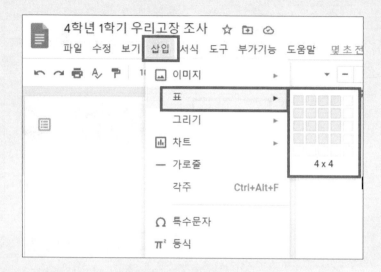

❿ 표 중에서 네모칸의 모양을 합쳐야 할 때에는 원하는 셀을 선택하고 마우스 오른쪽 버튼을 클릭한 다음 셀 병합 메뉴를 선택합니다.

⑪ 셀이 합쳐진 것을 볼 수 있습니다. 이번에는 이미지를 넣어보겠습니다. 삽입-이미지-웹 검색 메뉴를 클릭합니다.

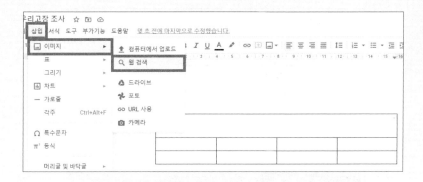

⑫ 오른쪽 상단에 나타나는 검색창에 강아지를 검색하면 많은 사진이 나타 납니다. 원하는 사진을 골라 더블클릭하거나 삽입 버튼을 클릭합니다.

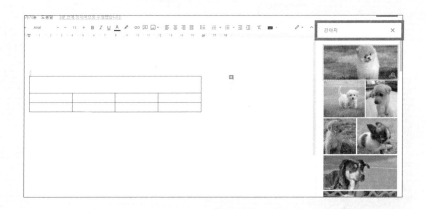

⑬ 사진이 표에 삽입된 것을 확인할 수 있습니다.

⑭ 내용을 쓰고 가운데 정렬 등을 선택하여 표에서 글자 위치를 정할 수 있습니다.

MEMO

_____

_____

_____

_____

_____

_____

_____

_____

_____

_____

_____

_____

다 구글 프레젠테이션으로 발표 자료 만들기

구글 프레젠테이션은 간단하고 쉽게 발표용 자료를 만들 수 있게 해 줍니다. 화려하거나 뛰어난 애니메이션 효과를 가진 것은 아니지만 발표를 위해 필요한 기능을 갖추고 있다고 보면 되겠습니다.

무엇보다도 모든 발표 자료가 구글 드라이브에 저장되기 때문에 USB를 가지고 다닐 필요가 없습니다. 또한 링크로 공유가 되기 때문에 학급 홈페이지의 게시판 등에도 쉽게 공유할 수 있습니다.

발표 중에 사용할 수 있는 발표자 도구 또한 매력적입니다. 구글 문서 자체의 포인터 기능을 발표시 사용할 수 있고 Q&A를 통해 발표하는 동안 링크로 청중들의 질문을 수집할 수 있습니다.

　혹시 이전에 만들어둔 파워포인트 자료가 있다면 구글 프레젠테이션으로 열어서 읽어올 수 있습니다. 과거 만든 자료들이 아까워서 파워포인트를 계속 사용했다면 구글 프레젠테이션으로 발표하기에 꼭 도전해 보시기 바랍니다.

❶ 구글 프레젠테이션 사이트(https://docs.google.com/presentation)로 접속합니다. 화면에서 '내용 없음' 메뉴를 클릭하여 새 프레젠테이션을 만듭니다.

❷ 왼쪽 상단을 클릭하여 제목을 입력합니다.

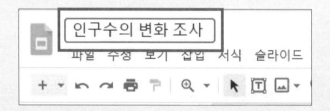

❸ 오른쪽에 테마라는 메뉴가
나오는데 원하는 디자인을
클릭하면 발표 자료에 쉽게
디자인을 적용할 수 있습니
다.

❹ 적용된 디자인을 살펴보고 제목이나 이름을 입력합니다.

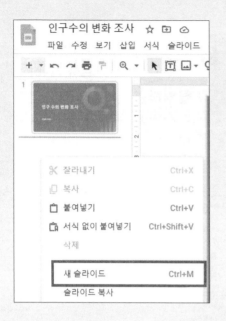

❺ 왼쪽 메뉴의 빈 곳에 마우스 오른쪽 버튼을 클릭하면 메뉴가 나오는데 새 슬라이드 버튼을 클릭합니다.

❻ 다음 슬라이드의 제목이나 글을 쓸 수 있습니다.

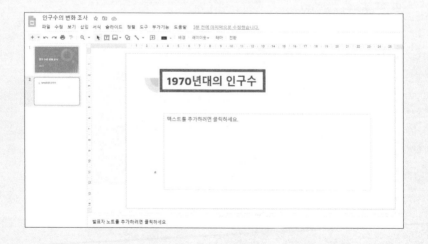

❼ [삽입]-[동영상] 메뉴를 클릭합니다.

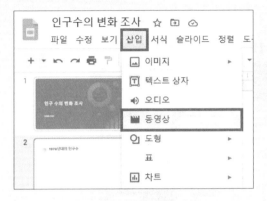

❽ 나오는 검색창에 원하는 내용을 검색하고 원하는 영상을 선택합니다.

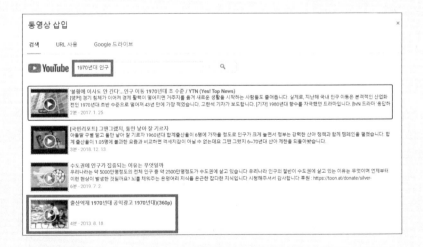

❾ 동영상이 슬라이드에 삽입되었습니다.

❿ 텍스트 상자를 선택한 다음 크기를 조절하고 글을 써 넣습니다.

⑪ 프레젠테이션을 완성했다면 오른쪽 상단에 프레젠테이션 보기를 클릭
합니다.

⑫ 프레젠테이션 화면이 나타나는 것을 볼 수 있습니다. 화면 하단에 메뉴
가 나타나는 것을 볼 수 있습니다.

⑬ 포인터를 선택하면 발표시 마우스를 움직여 원하는 부분을 강조할 수 있습니다.

⑭ 만약 Q&A를 선택한다면 프레젠테이션 화면에서 발표 중 질문을 받을 수 있습니다. Q&A를 선택하고 새 새션 시작 버튼을 클릭해 봅시다.

⑮ 다음과 같은 화면이 나타납니다. 뒤쪽 크롬 브라우저 창을 클릭합니다.

⑯ 발표를 듣는 청중들이 해당 주소를 스마트폰이나 컴퓨터에 입력하면 발표자에게 질문할 수 있습니다.

🔵 질문을 다음과 같이 청중이 입력하고 질문하면 해당 링크에 저장됩니다. 익명으로 질문할 수도 있고 다른 사람들의 질문도 볼 수 있습니다.

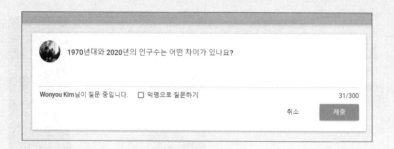

🔵 발표자는 발표 중간중간에 Q&A를 클릭하여 질문을 받거나 발표가 끝난 후 질문을 모아서 대답할 수 있습니다.

MEMO

_____

_____

_____

_____

_____

_____

_____

_____

_____

_____

_____

_____

라 구글 스프레드시트로 수학 차트를 완성하기

여러분들이 수학 시간이나 사회 시간에 표나 그래프를 만드는 숙제를 받게 된다면 어떨까요? 그림판 같은 곳에서 직접 막대 모양을 그리거나 하고 있지는 않나요?

구글 스프레드시트는 데이터를 표나 그래프로 정리하여 수학 시간이나 사회 시간에 사용하기에 좋습니다. 더구나 차트 만들기를 통해서 쉽게 데이터를 그래프로 바꾸도록 지원합니다.

학교에서 받은 숙제가 원그래프든 띠그래프든 상관없습니다. 간단한 사용법만 익힌다면 언제든 짧은 시간으로 멋진 그래프를 완성할 수 있습니다.

❶ 구글 스프레드시트 사이트(https://docs.google.com/spreadsheets)로 접속합니다. 화면에서 '내용 없음' 메뉴를 클릭하여 새 스프레드시트를 만듭니다.

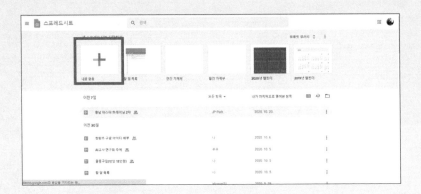

❷ 다음과 같이 조사한 표를 스프레드시트에 입력해 보겠습니다.

조사하고 싶은 문화재별 학생 수

문화재	첨성대	경복궁	화성	석굴암	기타	합계
학생수(명)	6	5	4	3	2	20

❸ 제목을 입력하고 표를 스프레드시트에 입력하였습니다.

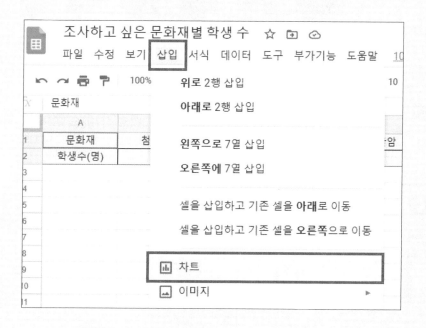

문화재	첨성대	경복궁	화성	석굴암	기타	합계
학생수(명)	6	5	4	3	2	20

❹ 표를 입력한 셀을 선택한 상태에서 [삽입]-[차트] 메뉴를 클릭합니다.

❺ 다음과 같은 그래프가 나타납니다. 오른쪽 상단에 있는 점 세 개를 클릭하고 차트 수정 메뉴를 선택합니다.

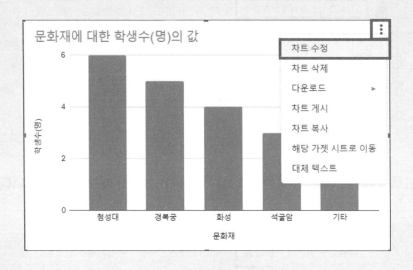

❻ 차트 편집기의 설정에서 차트 모양을 바꿀 수 있습니다.

❼ 맞춤 설정 탭을 클릭하여 차트 제목과 제목의 글씨체 등을 변경할 수 있습니다.

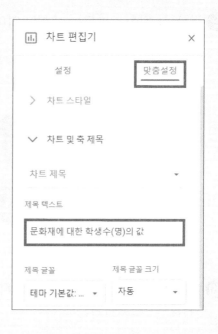

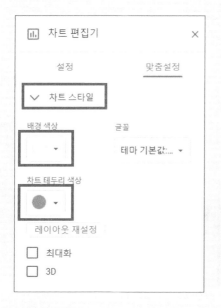

❽ 차트 스타일을 선택하면 차트의 배경색이나 테두리, 글씨체 등의 세부 설정도 조정할 수 있습니다.

❾ 완성한 차트 이미지를 PNG 이미지나 PDF 파일로 다운로드할 수 있습니다.

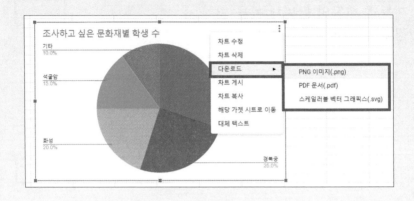

❿ 다운로드 폴더에 저장된 이미지는 필요할 때 다른 문서에 삽입하여 활용할 수 있습니다.

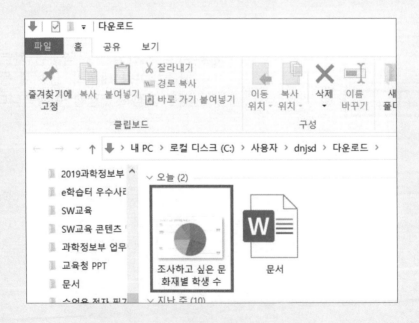

MEMO

_____

_____

_____

_____

_____

_____

_____

_____

_____

_____

_____

MEMO

마 구글 설문지로 설문 조사하기

　이전에는 설문을 할 때 종이나 포스트잇을 반 친구들에게 나눠주어서 조사를 했습니다. 혹은 판을 만들고 동그란 스티커를 붙여 조사를 하기도 했습니다.

　대신 이렇게 확인한 설문 결과는 종이들을 일일이 사람이 펴서 확인하거나 스티커의 개수를 세는 과정을 거쳤습니다.

　하지만 구글 설문지를 사용하면 설문 결과가 자동으로 정리가 되기 때문에 그림을 그리거나 따로 정리할 필요가 없습니다. 또 쉽게 구글 스프레드 시트에 결과를 정리할 수 있기 때문에 유용하게 사용할 수 있습니다. 또한 유튜브 동영상 삽입도 가능하기 때문에 동영상 등을 시청하고 설문에 답하 거나 하는 형식으로 설문지를 만들 수 있습니다.

❶ 구글 설문지 사이트(https://docs.google.com/forms)로 접속합니다. 화면에서 '내용 없음' 메뉴를 클릭하여 새 양식을 만듭니다.

❷ 다음과 같은 화면이 나옵니다. 제목 없는 설문지 부분을 클릭하여 설문지의 제목을 입력합니다.

❸ 제목 다음으로 첫번째 질문을 입력합니다.

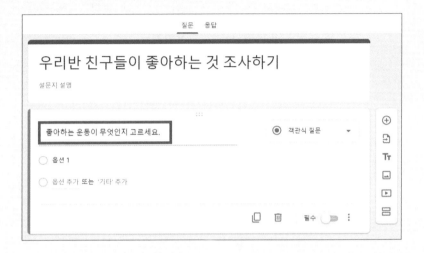

❹ 첫번째 질문의 보기를 클릭하여 입력할 수 있으며 옵션 추가 버튼을 누르면 아래쪽 보기의 수가 늘어납니다.

❺ 보기에 없는 메뉴를 골라서 쓰게 하고 싶다면 기타 추가를 선택합니다.

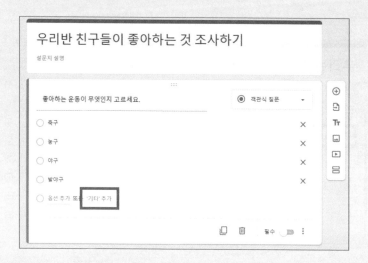

❻ 꼭 응답해야 하는 질문은 필수를 오른쪽으로 슬라이드해두면 반드시 응답자가 답해야만 설문지를 제출할 수 있습니다.

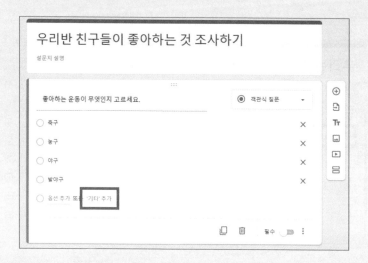

❼ 문제 아래쪽에 있는 아이콘을 클릭하면 같은 문제를 복사할 수 있습니다. 내야할 문제의 객관식으로 비슷하다면 복사해서 수정해서 다른 문항을 만들면 편리합니다.

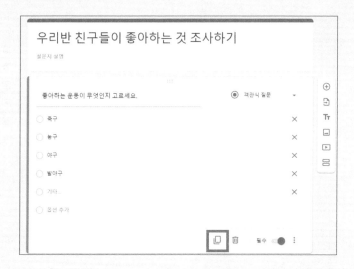

❽ 오른쪽 메뉴에서 동영상이나 글씨, 이미지 등을 입력하는 것이 가능합니다.

❾ 설문에 유튜브 영상을 삽입해보겠습니다. 오른쪽 메뉴에서 유튜브 모양
의 아이콘을 선택합니다.

❿ 원하는 내용을 입력하고 돋보기 모양의 검색 버튼을 클릭합니다.

⑪ 원하는 영상을 선택한 후 아래쪽에 있는 선택 버튼을 클릭합니다.

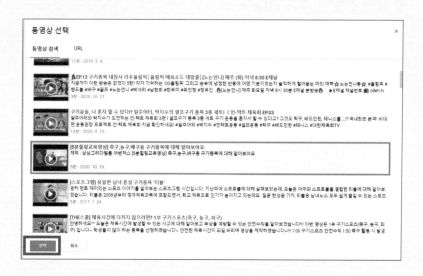

⑫ 다음과 같이 동영상이 입력된 것을 볼 수 있습니다.

⓭ 제목 부분에는 질문을 입력하여 봅니다. 질문을 입력했으면 옆 메뉴 중 + 를 눌러 질문을 추가합니다.

⓮ 아래쪽 추가된 질문에는 보기만 입력해 줍니다.

⑮ 화면 상단에 미리보기를 클릭하면 언제든 내가 만든 설문을 볼 수 있습
니다.

⑯ 오른쪽 하단의 색연필 모양을 클릭하면 원래 작성하던 설문지의 편집화
면으로 돌아옵니다.

⑰ 설문지가 잘 작성이 되었다면 오른쪽 상단에 보내기 버튼을 클릭합니다.

⑱ 친구들 이메일을 알면 이메일로 보낼 수 있지만 링크를 만들어 학급 홈페이지에 붙여서 조사하는 방식이 편리합니다. 링크 모양 아이콘을 클릭합니다.

⑲ URL 단축 메뉴를 클릭합니다.

⑳ 길었던 주소가 줄어드는 것을 볼 수 있습니다. 오른쪽에 있는 복사 버튼
을 클릭합니다.

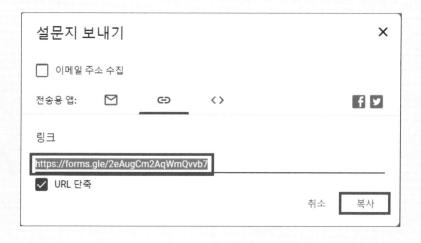

㉑ 원하는 학급 홈페이지나 게시판에 링크를 붙여넣습니다.

㉒ 친구들이 응답을 하게되면 설문지에서 응답 탭에 응답한 사람의 숫자가 나오고 내용이 그래프 등으로 자동으로 집계되어 나타납니다.

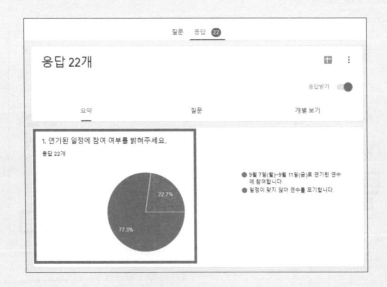

MEMO

_____

_____

_____

_____

_____

_____

_____

_____

_____

_____

_____

3장

스마트 도구로

학교 숙제의 질을 높이기

miri canvas

　열심히 프레젠테이션 프로그램을 사용하여 발표 자료를 만들었는데 만들고 보니 디자인 너무 단조롭다고 생각한 적이 있나요? 예쁘게 꾸미려고 노력해보지만 시간만 흐르고 부족한 내 미적 감각을 탓하며 자료 제작을 마무리 하기 일쑤입니다.

　검색 포털에서 예쁜 발표 자료 바탕을 검색하여 다운 받아 쓸 수도 있지만 학교에서 들었던 저작권에 대해 걱정이 되기도 합니다. 미리 캔버스는 여러분들이 미적 감각이 부족해도 깔끔하고 예쁜 디자인의 발표 자료 틀을 제공하는 사이트입니다.

　미리 캔버스는 100% 무료로 저작권 걱정 없이 3분 만에 PPT, 로고, 배너, 카드뉴스, 유튜브 썸네일 등을 전문가 수준의 디자인으로 만들 수 있는 기능을 제공합니다. 심지어 PC뿐만 아니라 태블릿이나 스마트폰에서도 작동이 가능합니다.

　미리 캔버스 사이트를 이용한다면 여러분을 발표 자료를 더 예쁘게 꾸미는데 시간을 소비하기 보다는 발표 자료의 내용을 더 알차게 만드는데 시간을 쓸 수 있습니다. 미리 캔버스 사이트는 회원 가입 없이도 사용할 수 있지만 다운로드를 하여 편집하는 기능 등을 사용하려면 회원 가입이 필요합니다.

　여러분의 멋진 발표 과제를 만들어줄 미리 캔버스! 지금부터 미리 캔버스 사용 방법을 알아봅시다.

1 미리 캔버스 사이트(https://www.miricanvas.com)에 접속합니다. 바로 시작하기 버튼을 클릭합니다.

2 다음과 같은 화면이 나오면 화면 왼쪽 상단에 다음과 같은 부분을 선택하여 화면 크기를 조정해 줍니다.

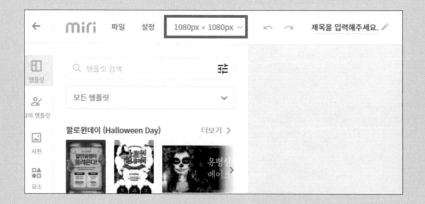

❸ 원하는 목적에 맞는 상황을 선택하면 자동으로 크기를 추천해 줍니다.

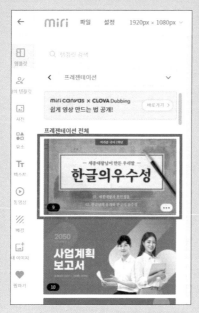

❹ 화면 왼쪽에서 마음에 드는 템플릿 디자인을 선택하여 클릭합니다.

❺ 그러면 템플릿 안에 포함된 세부적인 슬라이드가 나오는데 슬라이드를 선택하여 더블클릭해 봅니다.

❻ 그러면 다음과 같이 화면에 크게 선택한 슬라이드가 표시되는 것을 볼 수 있습니다. 오른쪽 상단에 다운로드 버튼을 클릭합니다.

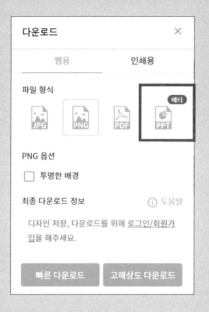

7 이미지를 jpg나 png 형식으로 다운로드할 수 있지만 PPT를 클릭하여 발표하기 좋은 형식으로 다운받아 봅시다.

8 편집한 PPT를 내려받을 수 있습니다. 글씨체의 적용 등을 위해서는 이미지화가 좋습니다.

❾ 단 지금까지 과정에서는 로그인 없이 작업했지만 다운로드나 저장 등을 위해서는 로그인이 필요합니다. 회원가입을 아직 하지 않은 친구는 가입을 하면 됩니다.

❿ 다운로드 받은 PPT를 이용하여 발표하면 됩니다.

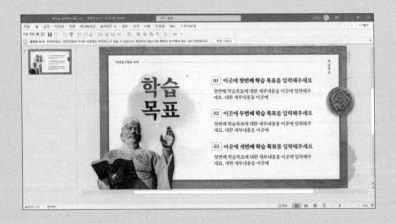

⑪ 만약 텍스트 편집 가능으로 다운로드를 받는다면 PPT 내에서 글씨 수정이 가능하지만 글씨체가 이상하게 나오거나 디자인이 반영이 되지 않을 수도 있습니다.

CLOVA Dubbing$^{\beta}$

　우리는 영상을 만들 때 목소리를 녹음하는 것에 있어서 많은 시행착오와 문제를 겪게 됩니다. 익숙하지 않은 영상 촬영에 말을 더듬기도 하고, 주변의 소음이 녹음되어 다시 처음부터 촬영하는 경우도 발생하지요.

　만약 촬영하는 영상이 주로 내레이션으로 이루어져 있다면 클로바 더빙이 문제의 해결책이 될 수 있습니다. 클로바 더빙은 목소리 녹음 없이도 동영상에 인공지능 목소리를 입힐 수 있는 프로그램입니다.

　기존에도 입력한 텍스트를 읽어주는 프로그램은 있었으나 클로바 더빙은 인공지능 기술을 활용하여 더 자연스러운 목소리로 읽어줍니다. 성인, 아이, 남성, 여성, 한국인, 외국인 등 21종의 목소리를 지원하며 웃음소리, 동물소리 등 여러 효과음도 지원하고 있습니다.

만약 영상 촬영 과제가 있다면 직접 본인의 목소리로 녹음하는것보다 클로바 더빙을 이용하여 음성을 추가하는 것이 더 빠르고, 고품질의 과제를 만드는 한 가지의 방법이 될 수 있습니다. 또한 클로바 더빙은 PDF 파일을 영상으로 바꾸는 기능도 지원하고 있어 앞에서 소개한 미리 캔버스와 함께 활용한다면 멋진 발표 영상을 제작할 수 있습니다.

1 클로바 더빙 사이트(https://clovadubbing.naver.com/)에 접속합니다. 클로바 더빙 시작하기 버튼을 클릭합니다.

2 네이버 아이디와 비밀번호를 입력한 후 로그인 버튼을 클릭합니다.

❸ 처음 클로바 더빙을 사용하는 경우 사진과 같이 이용 동의 창이 나타나게 됩니다. 이름/직업/서비스 사용 목적을 입력하고 신청 버튼을 클릭합니다.

❹ 새 프로젝트 생성 버튼을 클릭합니다.

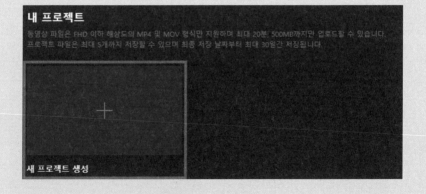

⑤ 프로젝트의 이름을 정한 후 생성 버튼을 클릭합니다. 만든 프로젝트는 클로바 더빙 서버에 저장되어 다른 컴퓨터에서도 로그인만 하면 작업을 이어서 진행할 수 있습니다.

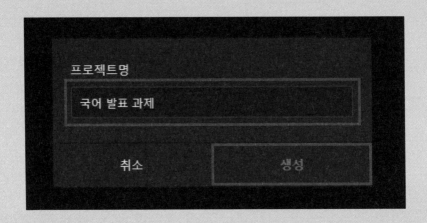

⑥ 클로바 더빙 편집 페이지가 나타납니다. 동영상 추가 버튼을 눌러 음성 더빙을 추가할 영상을 불러옵니다.

❼ 본 책에서는 '햄스터가 좋아하는 것' 이라는 주제로 발표를 한다고 가정
하도록 하겠습니다. 영상을 불러오면 화면 하단의 타임라인에 영상의
각 장면이 표시됩니다.

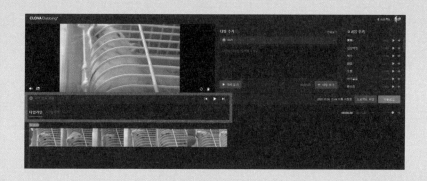

❽ 이제 목소리를 추가해보도록 하겠습니다. 더빙 추가 란에 있는 빈 칸에
'이 귀여운 동물의 이름은 햄스터입니다.'라고 입력합니다. 타임라인에
서 더빙을 추가할 지점을 선택한 후 더빙 추가 버튼을 클릭합니다.

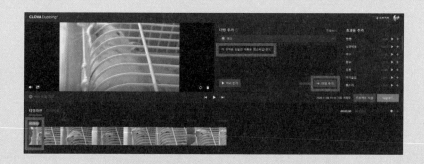

⑨ 타임라인의 하단에 더빙이 추가된 것을 확인할 수 있습니다. 목소리가 나오는 시기를 바꾸고 싶다면 추가된 더빙을 클릭한 후 키보드의 좌우 방향키로 조절하거나 마우스로 드래그하면 됩니다.

⑩ 추가된 더빙의 오른쪽에 있는 점 세 개 버튼을 클릭하면 다운로드, 복사, 잘라내기, 삭제할 수 있습니다. 복사와 잘라내기의 경우 타임라인의 원하는 곳에 마우스 오른쪽 버튼을 클릭하여 붙여넣을 수 있습니다. 점 세 개 버튼 대신 Ctrl+C, X, V, Delete 의 단축키를 사용해도 됩니다.

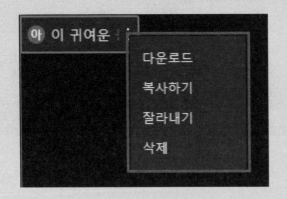

⑪ 이번에는 기본 목소리(아라)가 아닌 다른 목소리로 읽어보도록 하겠습니다. 더빙 추가 칸의 아라를 클릭하여 다른 목소리로 바꿀 수 있습니다. 만약 마음에 드는 목소리가 없다면 전체 보기 버튼을 클릭합니다.

⑫ 클로바 더빙에서 지원하는 다양한 목소리들(외국인 포함)이 나타납니다. 클로바 보이스를 선택한 후 하단의 미리 듣기 기능을 이용하여 어떤 목소리가 과제에 적합할지 정해봅시다. 정한 후에는 목록 옆의 별 모양을 클릭하면 프로젝트에서 그 목소리를 사용할 수 있습니다.

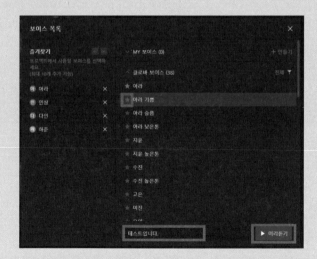

⑬ 이번에는 효과음을 추가해보도록 하겠습니다. 타임라인의 추가할 지점을 클릭한 후 효과음 칸의 + 버튼을 클릭하면 효과음이 추가됩니다.

⑭ 음성 추가가 모두 완료되었습니다. 재생 버튼을 클릭하여 편집이 잘 되었는지 확인합니다.

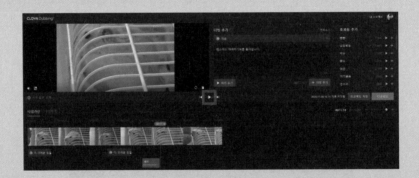

⑮ 재생 화면 왼쪽 하단의 더빙 자막 추가 버튼을 클릭하면 영상과 자막을 함께 나타낼 수 있습니다.

⑯ 더빙 목록을 클릭하면 지금까지 추가한 더빙 목록들이 나타납니다. 고쳐야 할 부분이 있다면 더빙 목록에서 수정하면 편리합니다.

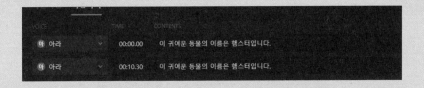

⑰ 완성된 과제를 영상 파일로 만들어 보겠습니다. 화면 오른쪽의 다운로드 버튼을 클릭합니다.

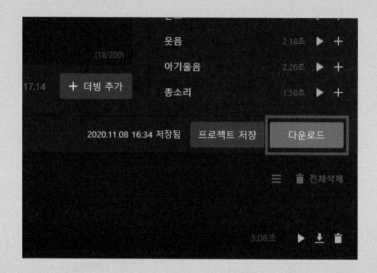

⑱ 소리만 다운로드 받거나, 개별 더빙 소리를 따로 받는 것도 가능합니다. 영상 파일을 선택하면 소리와 영상이 합쳐져 파일로 다운로드 됩니다.

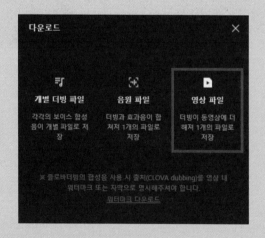

⑲ 클로바 더빙은 PDF 파일을 영상으로 바꾸어 음성을 추가할 수도 있습니다. 미리 캔버스에서 만든 프레젠테이션 자료를 PDF로 다운로드 하여 사용한다면 멋진 발표 자료를 만들 수 있습니다. 클로바 더빙 첫 편집화면에서 PDF 추가 버튼을 클릭합니다.

⑳ 한 페이지당 4초씩 나타나도록 영상이 만들어집니다. 만약 해당 시간을 늘리거나 줄이고 싶다면 타임라인에서 각 페이지의 오른쪽 부분을 늘리거나 줄여줍니다. 그 외의 더빙 추가, 효과음, 다운로드 등 다른 모든 기능의 사용법은 영상을 불러왔을 때와 동일합니다.

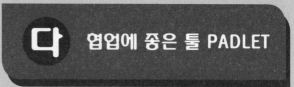

다 협업에 좋은 툴 PADLET

padlet

　모둠원들과 함께 과제를 하다보면 머리를 맞대어 서로 생각을 나누거나, 다양한 자료 등을 주고 받아야 하는 일이 생깁니다. 만약 만나서 작업을 한다면 직접 건네어 주면 되지만, 온라인 상에서 서로 함께하는 경우에는 여의치가 않습니다.

　따라서 온라인 협업 작업에서는 모둠원들 간 생각, 자료 등을 공유할 수 있는 프로그램이 필요합니다. 우리가 많이 사용하는 카카오톡, 밴드 등을 통해서도 자료를 주고 받을 수 있지만 모든 사람이 회원가입을 해야하는 단점이 있습니다.

이번 장에서는 협업을 위한 공유 프로그램으로 PADLET을 소개합니다. PADLET은 온라인 상의 담벼락을 제공합니다. 사용자들은 이 담벼락에 쪽지를 붙여 서로의 생각과 자료를 공유합니다. 물론 그 쪽지는 실제의 쪽지와는 다르게 파일, 지도, 링크 등을 포함할 수 있습니다. 담벼락의 형태 또한 단순한 보드 형태에서 부터, 연표 형태, 지도 형태 등 다양합니다. 다시 말해, PADLET은 모둠원들만을 위한 거대한 보드판을 제공하고 모둠원들은 그 보드판 위에서 다양한 생각과 자료를 공유할 수 있습니다.

PADLET에서 담벼락을 생성하기 위해선 회원가입을 하여야 하지만, 만들어진 담벼락에 접속하여 의견을 공유하는 것은 회원가입 없이도 가능합니다. 또한, PADLET은 웹서비스로 다양한 플랫폼을 지원하여 여러분들이 PC를 사용하든, 스마트폰/태블릿을 사용하든 기기에 관계 없이 PADLET을 사용할 수 있습니다.

그럼 지금부터 PADLET을 사용하는 방법을 알아봅시다.

1 PADLET 사이트(https://padlet.com)에 접속합니다. 무료로 가입하기 버튼을 클릭합니다.

2 기존의 사용 중인 Google 아이디를 이용하여 가입할 수도 있고, 별도의 이메일 주소를 사용하여 가입할 수도 있습니다. 본 장에서는 이전에 사용한 Google 아이디를 사용하여 가입해 보도록 하겠습니다. 다음 계정으로 가입: Google을 클릭합니다.

❸ 구글 아이디로 로그인 하고 나면 다음과 같이 멤버십 선택 화면이 나타납니다. 무료인 Basic의 경우 최대 3개의 벽면을 만들 수 있고, 10Mb의 파일 첨부 용량 제한이 있습니다. 만약 무제한 벽면을 원한다면 월 8,000원의 비용을 지불하고 프로 멤버십을 사용하여야 합니다. Basic 선택 버튼을 클릭합니다.

❹ 회원가입이 끝나면 PADLET 첫 화면이 나타납니다. 화면 상단에는 PADLET 만들기, 갤러리(다른 사람의 PADLET 감상) 등의 버튼이 있고, 화면 중간에 자신이 만든 담벼락이 나타나는 목록이 있습니다. PADLET 만들기 버튼을 클릭하여 담벼락을 만들어 봅시다.

⑤ PADLET에서는 8가지 형태(담벼락, 캔버스, 스트림, 그리드, 셸프, 백채널, 지도, 타임라인)의 벽면을 만들 수 있습니다. 하나 하나 살펴보도록 하겠습니다.

⑥ 담벼락 형태의 벽면은 세로 정렬을 맞추며 쪽지를 붙이는 형태입니다. 일반적으로 제일 많이 사용합니다.

❼ 캔버스 형태의 벽면은 정렬을 하지 않고 자유롭게 쪽지를 붙일 수 있습니다. 또한 쪽지와 쪽지를 화살표 등으로 연결할 수 있습니다. 이 기능은 서로 관련 있는 쪽지끼리 묶어서 표시할 때 사용합니다.

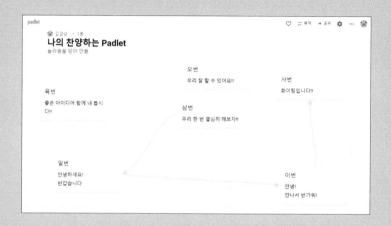

❽ 스트림 형태의 벽면은 페이스북이나 인스타그램과 비슷하게 쪽지가 세로 한 줄로만 나타납니다. 스트림 형태로 벽면을 만들면 스마트폰으로 PADLET을 사용하는 사람이 보다 더 편하게 볼 수 있다는 장점이 있습니다.

❾ 그리드 형태의 벽면은 담벼락 형태의 벽면과 비슷합니다. 다만 담벼락은 세로 정렬만 맞추는 것에 비해 그리드는 가로와 세로 정렬 모두 맞추어 쪽지가 붙는다는 점이 다릅니다.

❿ 셸프 형태의 벽면은 상단에 붙일 쪽지의 주제 등을 적을 수 있는 라벨이 있습니다. 주제별로 아이디어를 내야 할 경우에 사용하면 편리합니다.

⑪ 백채널 형태의 벽면은 쪽지를 붙이기 보다는 서로 그룹 채팅을 하는 듯한 형태의 벽면입니다. 함께 온라인 상에 모여 토의/토론을 할 때 적합한 형태입니다.

⑫ 지도 형태의 벽면은 배경에 세계 지도가 나타납니다. 이 지도는 확대/축소가 가능하고 특정 지역의 위치에 쪽지를 붙일 수 있습니다. 세계 여러 나라의 문화 등을 소개하는 과제에 사용할 수 있습니다.

⑬ 타임라인 형태의 벽면은 한 줄로 이루어진 연표 위에 쪽지를 붙이는 형태입니다. 시간의 흐름에 따른 일들을 정리할 때 사용할 수 있습니다.

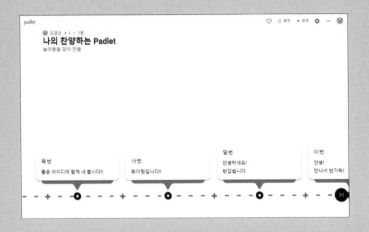

⑭ 담벼락 형태의 벽면을 선택하였다고 가정하고 진행하겠습니다. 벽면을 처음 만들면 화면 오른쪽에 벽면 설정 창이 나타납니다. 여기서 제목, 설명, 벽면으로 접속할 수 있는 주소, 배경 화면 등을 바꿀 수 있습니다.

🅖 그 밖에도 쪽지 쓴 사람 표시/쪽지의 댓글 기능/쪽지의 좋아요 표시 달기 등의 기능을 활성화할 수 있습니다. 설정을 완료하였다면 화면 오른쪽 상단의 다음 버튼을 클릭합니다.

🅖 담벼락 설정이 완료되었습니다. 게시 시작하기 버튼을 클릭합니다.

⑰ 벽면에 쪽지를 붙이려면 화면 오른쪽 하단의 + 버튼을 클릭하거나 벽면의 빈 곳을 마우스로 더블클릭 하면 됩니다.

⑱ 쪽지는 제목과 내용을 적을 수 있습니다. 또한 쪽지 하단의 점 세 개 버튼을 클릭하면 파일 첨부, 링크 첨부, 구글 검색 결과 첨부 등이 가능합니다.

19 쪽지를 작성하고 난 후 쪽지에 마우스 커서를 가져가면 수정/삭제/세부 설정할 수 있는 메뉴가 나타납니다. 점 세개 버튼을 눌러 세부 설정을 살펴봅시다.

20 쪽지의 배경색 등을 바꾸어 색깔별로 아이디어를 구분할 수 있습니다.

㉑ 이제 만든 벽면에 모둠원들이 접속할 수 있도록 공유해 봅시다. 화면 오른쪽 상단의 공유 버튼을 클릭합니다.

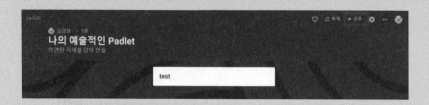

㉒ 모둠원들이 벽면에 들어와 쪽지를 붙이기 위해서 프라이버시 설정을 살펴보아야 합니다. 프라이버시 변경 버튼을 클릭합니다.

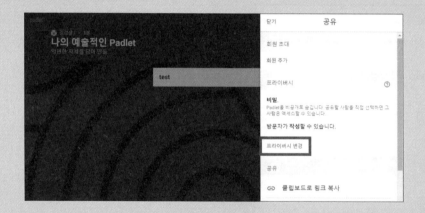

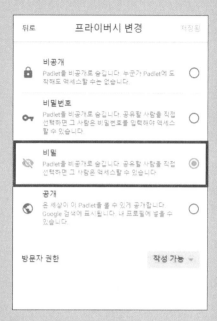

23 공유 설정이 나타납니다. 비공개는 만든 사람 외에는 접근 금지, 비밀번호는 접근 시 비밀번호 입력 요구, 비밀은 링크를 가진 모든 사람이 접근 가능, 공개는 검색하여 접근 가능한 옵션입니다. 대부분의 경우 비밀을 선택하여 링크를 가진 사람들만 벽면에 접속할 수 있도록 합니다.

24 다음으로는 방문자 권한을 살펴보도록 하겠습니다. 작성 가능 버튼을 클릭합니다.

㉕ 읽기 가능/작성 가능/편집 가능 3가지의 옵션이 나타납니다. 읽기 가능은 쪽지를 볼 수만 있습니다. 작성 가능은 쪽지를 만들고 자신이 만든 쪽지를 수정하고 삭제할 수 있으나 다른 사람이 만든 쪽지는 그럴 수 없습니다. 편집 가능은 다른 사람이 쓴 쪽지를 수정/삭제할 수 있습니다. 대부분의 경우 작성 가능을 선택합니다.

○ **읽기 가능**
게시물을 볼 수 있습니다. 게시물 추가, 타인의 게시물 편집 및 승인, Padlet 수정 및 삭제, 기여자 초대는 할 수 없습니다.

◉ **작성 가능**
게시물 보기 및 추가를 할 수 있습니다. 타인의 게시물 편집 및 승인, Padlet 수정 및 삭제, 기여자 초대는 할 수 없습니다.

○ **편집 가능**
게시물 보기 및 추가, 타인의 게시물 편집 및 승인을 할 수 있습니다. Padlet 수정 및 삭제, 기여자 초대는 할 수 없습니다.

㉖ 프라이버시 변경이 완료되었다면 저장 버튼을 클릭한 후 뒤로 버튼을 클릭합니다.

㉗ 클립보드로 링크 복사 버튼을 클릭합니다. 이제 클립보드에 여러분이 만든 벽면으로 접속할 수 있는 주소가 저장되었습니다. 모둠원들에게 Ctrl+V(붙여넣기) 키를 이용하여 주소를 안내해보세요!

여러분들은 마인드맵을 어떤 상황에서 사용하나요? 마인드맵은 중심의 주제에서 꼬리에 꼬리를 물고 내려오는 방식으로 아이디어를 떠올리거나, 내용을 정리할 때 많이 사용합니다.

친구와 함께 과제를 할 때 마인드맵으로 정리하면서 의논한다면 더 빠르게 과제를 수행할 수 있습니다. 또한 친구들과 함께 공부하고 공부한 내용을 마인드맵으로 정리하면 공부한 내용이 더 오랫동안 기억에 남습니다.

이러한 마인드맵을 온라인 상에서 만들 수 있는 프로그램이 마인드 마이스터라는 프로그램입니다. 종이로 마인드맵을 그릴 때는 친구들과 함께 그리기가 불편하고, 틀렸을 때 고치기가 어렵습니다.

그러나 마인드 마이스터는 온라인 상에서 작동하기 때문에 인터넷만 가능하다면 친구들과 함께 마인드맵을 언제 어디서든 그릴 수 있습니다. 그리고 주제에 맞는 다양한 템플릿도 제공하고 있습니다. 또한 만들어진 마인드맵을 손쉽게 수정할 수 있고, 수정된 내용들은 서버에 계속 저장되어 원한다면 고치기 전으로 돌아갈 수도 있답니다.

마인드 마이스터는 웹 기반으로 제작되어 어떤 기기에서나 관계 없이 사용할 수 있습니다. 다시 말해 PC, 스마트폰, 태블릿 등 인터넷만 가능하다면 어느 기기에서나 마인드 마이스터를 사용할 수 있습니다.

지금부터 마인드 마이스터를 사용하여 친구들과 함께 더 창의적인 아이디어를 생각하거나, 공부한 내용을 오랫동안 기억할 수 있도록 정리해 봅시다.

① 마인드 마이스터 사이트(https: //www.mindmeister.com/)에 접속합니다. Google 서비스를 이용해 회원가입 버튼을 클릭합니다.

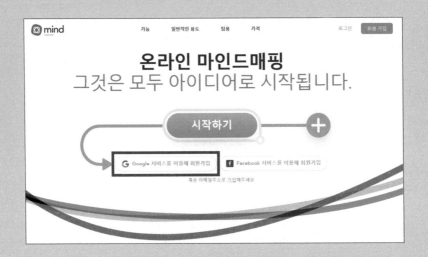

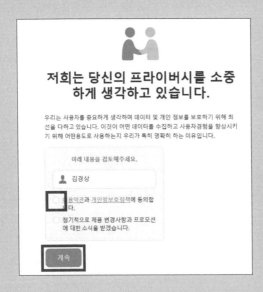

② 구글 아이디로 로그인하고 나면 다음과 같은 화면이 나타납니다. 이용 약관에 동의 표시를 한 후 계속 버튼을 클릭합니다.

❸ 프로그램 사용 용도를 선택하는 화면이 나타납니다. 교육을 선택합니다.

❹ 마인드 마이스터의 사용법을 안내하는 튜토리얼 화면이 나타납니다. 본 장에서는 책 내용을 따라하며 사용법을 익힐 것이므로 X 표시를 눌러 튜토리얼을 종료합니다.

⑤ 이 책에서 배운 것들을 마인드맵으로 정리해보도록 하겠습니다. 화면 가운데의 중심 주제를 '내 최근 마인드맵'에서 '이 책에서 공부한 내용'으로 바꾸어 줍니다.

⑥ 주제를 만들 수 있습니다. TAB 키를 이용하여 '화상회의 도구', '구글 문서 도구' 2개의 하위 주제를 만들어 봅시다.

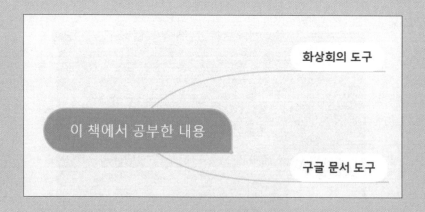

❼ 한 주제를 선택한 후 ENTER 키를 누르면 같은 수준의 주제를 추가할
수 있습니다. '화상회의 도구' 주제 또는 '구글 문서 도구' 주제를 선택한
후 ENTER 키를 눌러 '스마트 도구' 주제를 같은 수준의 주제로 추가해
봅시다.

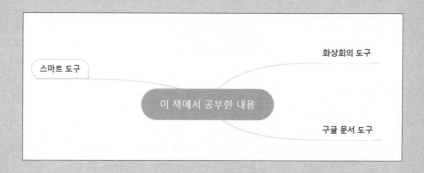

❽ 다시 정리하자면 한 주제를 클릭한 후 TAB 키를 누르면 클릭한 주제의
하위 주제가 생성되며, ENTER 키를 누르면 클릭한 주제와 동일한 수
준의 주제가 됩니다. 이 책의 목차를 참고하며 아래의 그림과 같은 마
인드맵을 만들어 봅시다.

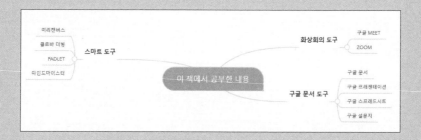

9 만약 잘못된 곳에 주제를 추가하였다면 해당 주제를 마우스로 드래그하여 속해 있어야 할 상위 주제 위에 겹쳐두면 됩니다.

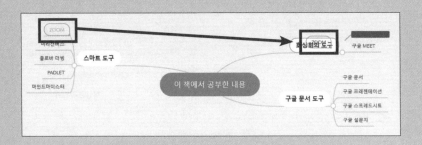

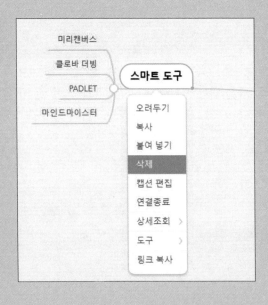

10 주제를 지우고 싶다면 해당 주제를 마우스 오른쪽 버튼으로 클릭한 후 삭제 버튼을 클릭합니다. 해당 주제를 클릭한 후 DELETE 키를 눌러 삭제할 수도 있습니다.

⑪ 이번에는 추가한 주제의 글자색 또는 배경색을 바꿔보도록 하겠습니다. '구글 문서 도구' 주제를 선택한 후 화면 오른쪽의 메뉴에서 '배경'을 선택합니다.

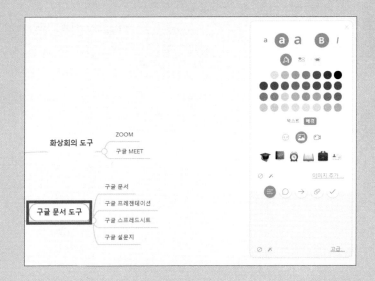

⑫ 원하는 배경색을 선택하면 해당 주제의 배경색이 바뀐 것을 확인할 수 있습니다. 같은 방법으로 글자 색도 바꿀 수 있습니다.

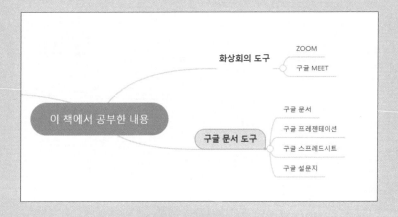

⓭ 화면 오른쪽의 메뉴창을 이용해 배경/
글자색은 물론 글꼴, 이모티콘, 이미지,
영상, 파일 등을 첨부할 수 있습니다.
그 밖에도 주제별로 설명 쪽지를 추가하
거나, 링크, 투표 등을 추가할 수 있습니
다. 다만 파일 첨부와 같은 일부 기능은
유료 사용자만 사용할 수 있습니다.

⓮ 다음으로 마인드맵을 다른 사람들과 공유하여 함께 작업하는 방법에 대
해서 알아보도록 하겠습니다. 화면 하단의 공유 버튼을 클릭합니다.

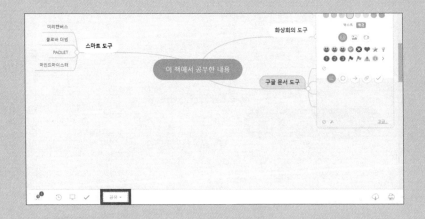

⑮ 공유 링크에 체크 표시를 하면 다른 사람들이 접속할 수 있는 링크가 생성됩니다. 링크가 생성된 후에는 링크 복사 버튼을 눌러 클립보드에 링크를 복사합니다.

Ctrl+V를 눌러 친구들에게 마인드 맵으로 들어올 수 있는 링크를 전달해 보세요.

⑯ 화면 하단의 시계 모양 버튼을 눌러 작업 이력을 확인하고 되돌릴 수 있습니다. 화면 하단의 시계 모양 버튼을 클릭합니다.

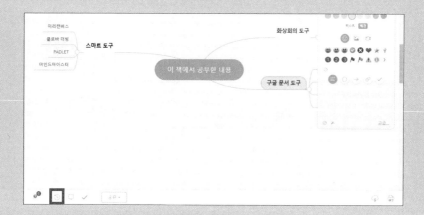

⑰ 되감기 버튼을 누른 후 재생 버튼을 클릭하면 지금까지 마인드맵이 만들어진 과정을 순차적으로 나타내어 줍니다. 재생 중에 일시정지 한 후 되돌리기 버튼을 누르면 해당 시점으로 마인드맵이 복원됩니다. 다만 복원 기능은 유료 사용자만 이용이 가능합니다.

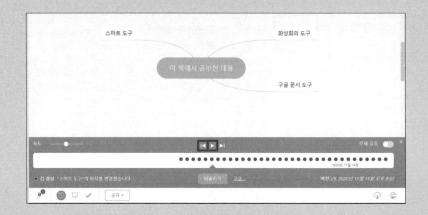

⑱ 이제 새로운 마인드맵을 추가하는 방법을 알아보겠습니다. 화면 왼쪽 상단의 화살표를 눌러 메인 화면으로 이동합니다.

⑲ 여러분이 만든 마인드맵 목록이 나타납니다. 화면 상단의 + 버튼을 누르면 바로 새로운 마인드맵이 만들어집니다. 또한, 마인드 마이스터는 용도에 따른 다양한 모양의 마인드맵 템플릿을 지원하고 있습니다. 화면 왼쪽의 템플릿 메뉴를 클릭합니다.

⑳ 다양한 형태의 템플릿(양식)이 있는 것을 확인할 수 있습니다. 예시로 교육 카테고리의 Homework Planning을 클릭합니다.

㉑ 화면과 같이 매일 숙제 계획에 적합한 마인드맵 양식이 나타납니다. 이렇게 마인드 마이스터에서 제공하는 템플릿을 이용하면 다양한 곳에 적합한 계획, 아이디어 구상, 정리 등을 손쉽게 할 수 있습니다.

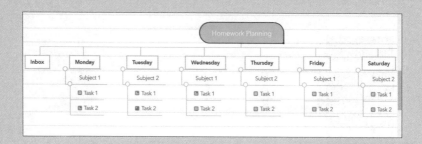

㉒ 무료 계정의 경우 마인드맵을 최대 3개까지만 만들 수 있습니다. 마인드 마이스터의 메인 화면에서 각 마인드맵의 오른쪽 상단에 있는 점 3개 버튼을 클릭하면 마인드맵을 삭제할 수 있습니다.

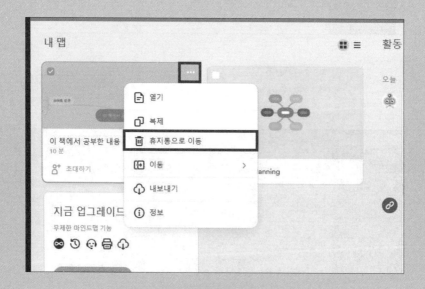

MEMO

_____

_____

_____

_____

_____

_____

_____

_____

_____

_____

_____

_____

유튜브의 폭발적인 성장으로 인해 많은 자료들이 글이나 사진보다는 영상으로 제작되어 공유되고 있습니다. 학교에서도 친구들과 간단한 광고를 영상으로 찍거나, 뮤직비디오를 촬영하고, 발표 자료를 영상으로 만드는 과제들을 쉽게 접할 수 있습니다.

그러나 영상은 글이나 사진과는 다르게 편집에 많은 시간과 노력이 소비됩니다. 여러분들이 즐겨보는 유튜브 채널의 영상들은 사람들이 짧게는 몇 시간 길게는 몇 일 이상의 편집 시간을 거쳐서 만들어집니다.

영상 편집 경험이 있는 학생들은 필요 없는 부분을 잘라내고, 영상과 영상을 합치고, 자막을 넣고, 특수 효과를 넣다 보면 늦은 밤이 되어버린 경험을 대부분 갖고 있을 겁니다.

이번 장에서 소개할 스마트 도구는 영상 편집 프로그램인 키네마스터입니다. 이 프로그램은 이전에 소개한 프로그램과는 다르게 PC에서는 동작하지 않고 오직 스마트폰이나 태블릿에서만 작동합니다.

키네마스터 외에도 블로, 비바 비디오와 같은 영상 편집 프로그램이 있습니다. 사용 방법과 기능은 거의 동일하니 개인 취향에 따라 사용하면 됩니다.

이번 방학 과제는 마음이 맞는 친구들과 함께 단편 영화나 뮤직비디오를 찍어보는 것은 어떨까요? 여러분들에게 잊지 못할 추억이 될 것입니다.

❶ 먼저 키네마스터를 설치하고 사용 방법을 알아보도록 하겠습니다. 구글 플레이 스토어를 실행합니다.

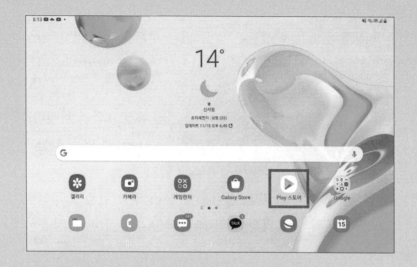

❷ 검색 칸에 '키네마스터'를 검색하여 키네마스터를 설치합니다.

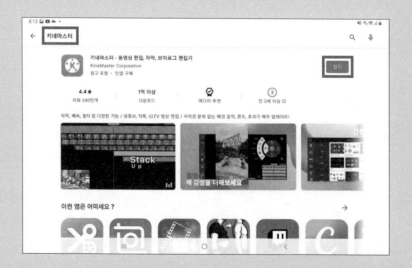

❸ 키네마스터를 처음 실행하면 파일 접근 권한 허용 메시지가 나타납니다. 허용을 클릭합니다.

❹ 키네마스터 첫 화면이 나타납니다. + 버튼을 눌러 영상 편집을 시작합니다.

⑤ 만들어질 영상의 크기를 선택하는 화면이 나타납니다. 일반적인 가로 화면의 경우 16:9 비율을 선택합니다.

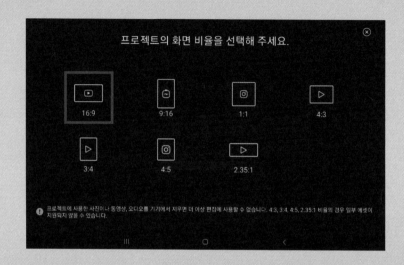

⑥ 편집에 사용할 영상 또는 이미지를 불러오는 화면이 나타납니다. 여러분이 사용하길 원하는 영상 또는 이미지를 선택합니다.

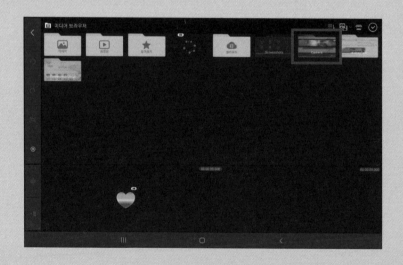

❼ 영상/이미지를 선택하면 화면 하단의 타임라인에 추가된 것을 확인할 수 있습니다. 다 추가하였다면 오른쪽 상단의 체크 표시를 클릭합니다.

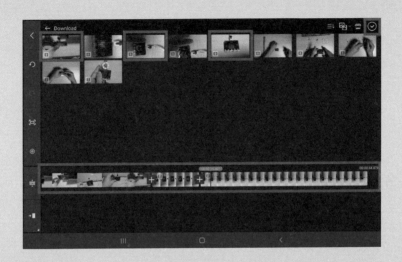

❽ 영상 편집 화면이 나타납니다. 만약 또 다른 영상 또는 이미지를 추가하고 싶다면 왼쪽의 메뉴에서 미디어를 클릭하여 가져올 수 있습니다.

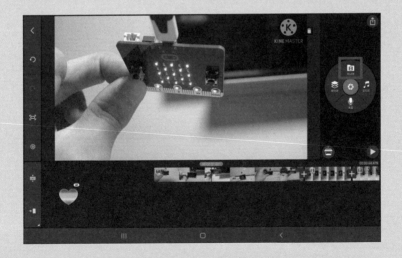

❾ 영상 위에 자막, 스티커, 손글씨, 또 다른 사진/영상, 효과 등을 추가하기 위해서는 레이어 메뉴를 사용하면 됩니다. 예시로 자막을 추가해보도록 하겠습니다. 레이어 메뉴를 클릭하고 텍스트 버튼을 클릭합니다.

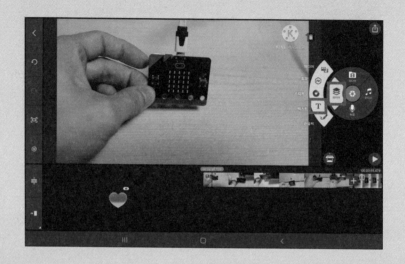

❿ 텍스트를 입력한 후 확인 버튼을 클릭합니다.

⑪ 자막이 추가된 것을 확인할 수 있습니다. 원하는 위치로 끌어서 이동합니다.

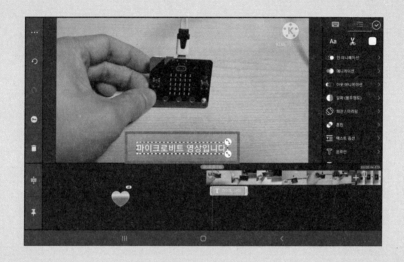

⑫ 타임라인에서 추가된 자막의 오른쪽 또는 왼쪽 부분을 끌어 자막이 나타나는 시간을 조절할 수 있습니다.

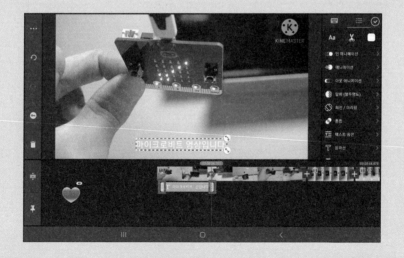

⓭ 이번에는 자막의 글꼴을 바꾸어보도록 하겠습니다. 타임라인에서 자막을 선택하고 화면 오른쪽 상단의 Aa 버튼을 클릭합니다.

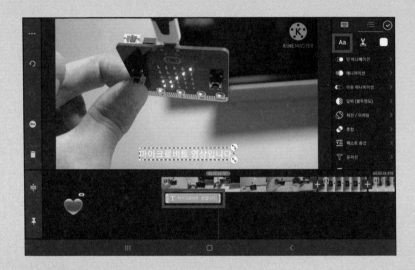

⓮ 원하는 글꼴을 선택한 후 화면 오른쪽 상단의 체크 표시를 선택합니다.

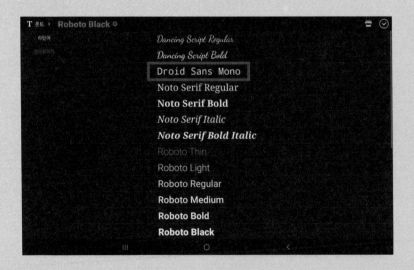

⑮ 이번에는 자막의 색을 바꾸어 보도록 하겠습니다. 화면 오른쪽 상단의 하얀색 네모 상자를 클릭합니다.

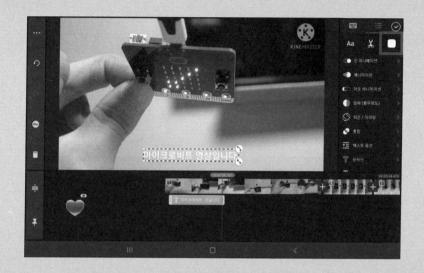

⑯ 원하는 색을 선택한 후 체크 표시를 클릭합니다.

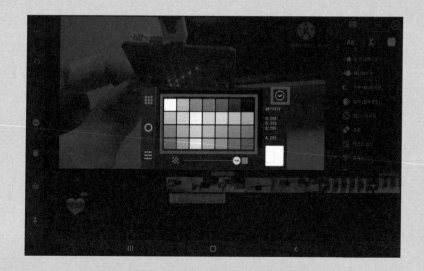

⑰ 자막의 색이 바뀐 것을 확인할 수 있습니다. 그 밖에도 오른쪽의 메뉴를
이용하면 자막이 나타나는 효과, 배경색 등을 지정해 줄 수 있습니다.

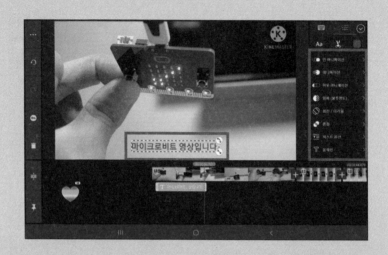

⑱ 이번에는 영상을 회전하거나 자르는 방법에 대해 알아보도록 하겠습니
다. 타임라인에 추가된 영상 중 편집을 원하는 영상을 선택하고 회전
버튼을 클릭합니다.

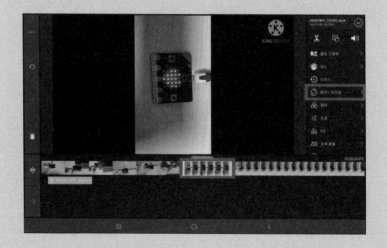

⑲ 원하는 방향대로 회전한 후 체크 표시를 눌러 완료합니다.

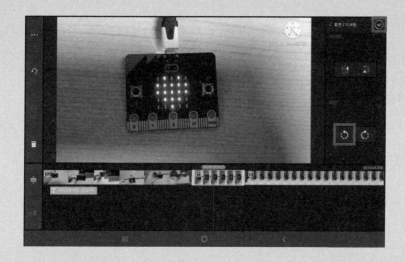

⑳ 이번에는 영상에서 필요 없는 부분을 잘라내보도록 하겠습니다. 타임라인에서 편집을 원하는 영상을 클릭하고 오른쪽 상단의 가위를 클릭합니다.

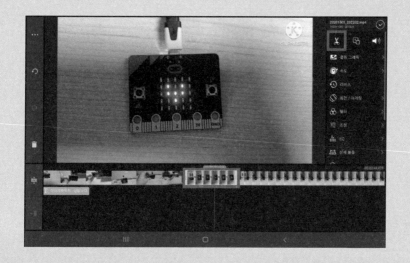

㉑ 타임라인의 빨간 선을 기준으로 왼쪽/오른쪽 부분만 남기거나, 영상을 분할하는 등의 기능이 있습니다. 원하는 대로 편집한 후 체크 표시를 눌러 완료합니다.

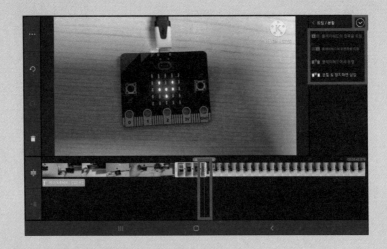

㉒ 이번에는 배경 음악을 추가해보도록 하겠습니다. 오른쪽의 메뉴에서 오디오를 선택합니다.

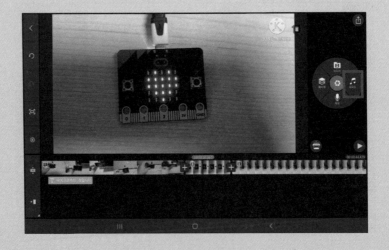

㉓ 원하는 음악을 선택한 후 체크 표시를 클릭합니다.

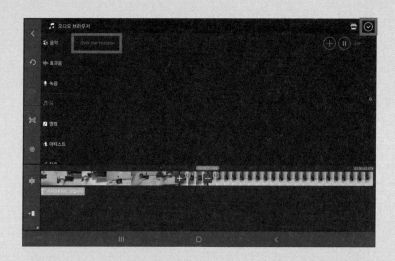

㉔ 배경 음악이 추가된 것을 확인할 수 있습니다. 같은 방법으로 효과음 등을 추가할 수 있습니다. 또한 타임라인에서 추가한 오디오를 클릭하면 오른쪽의 메뉴에서 오디오를 자르거나, 음량을 조절할 수 있습니다.

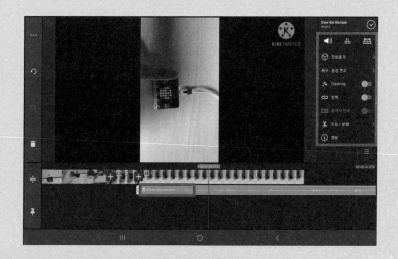

㉕ 타임라인을 살펴보면 추가한 영상과 영상 또는 이미지 사이에는 + 아이
콘이 있습니다. + 아이콘을 클릭하면 영상과 영상 사이의 전환 효과를
추가할 수 있습니다.

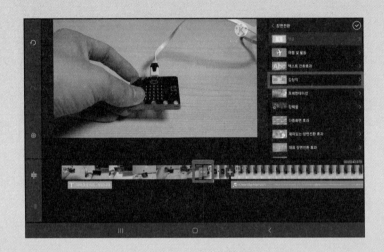

㉖ 원하는 영상 전환 효과를 추가한 후 체크 표시를 선택하면 적용이 완료
됩니다.

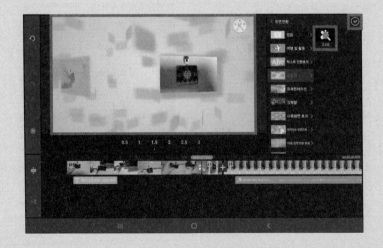

27 영상 편집이 완료되었다면 재생 버튼을 눌러 영상을 검토해봅니다. 이상이 없다면 화면 왼쪽 상단의 화살표를 눌러 첫 화면으로 이동합니다.

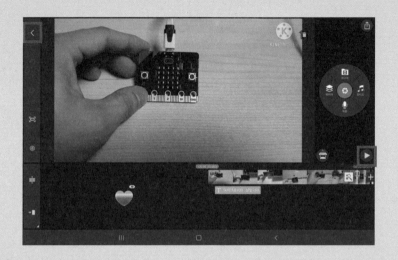

28 편집 중인 영상 목록 리스트가 나타납니다. 방금 편집한 영상을 선택합니다.

㉙ 제목을 선택하여 영상의 이름을 바꾸어줍니다. 그 후 공유 버튼을 클릭
하여 영상을 파일로 내보내어 봅시다.

㉚ 해상도와 프레임 수, 비트 레이트를 선택하고 내보내기 버튼을
클릭하면 편집한 결과가 영상 파일로 만들어집니다.

MEMO

_____

_____

_____

_____

_____

_____

_____

_____

_____

_____

_____

가. 익숙하고 범용적인 기기 PC

나. 때와 장소를 가리지 않고 공부할 수 있는 스마트폰

다. 휴대성과 큰 화면을 잡았다. 태블릿

라. 교육용 시장에서 널리 쓰이는 크롬북

4장

어떤 기기로 공부할까?

장단점 분석

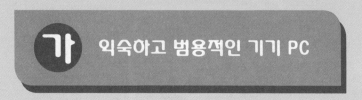

가 익숙하고 범용적인 기기 PC

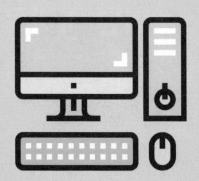

여러분들이 가정에서 손쉽게 온라인 과제와 학습을 수행할 수 있는 기기는 컴퓨터(PC)입니다. 많은 가정에 보급되어 있고, 익숙한 기기라 사용법을 새로 익히지 않아도 되며, 온라인 과제와 학습 외의 다른 용도로도 활용할 수 있습니다.

PC의 형태는 크게 데스크탑 PC와 노트북 PC 두 가지로 나눌 수 있습니다. 각 형태의 모습과 장단점을 살펴보면 아래의 표와 같습니다.

	데스크탑 PC	노트북 PC
모습		
장점	• 노트북 PC에 비해 성능 대비 가격이 저렴	• 이동이 가능함 • 웹캠이 내장되어 있음
단점	• 이동이 불가능 • 별도의 웹캠 구매 필요	• 성능 대비 가격이 비쌈

데스크탑 PC는 노트북 PC과 비교하였을 때 가격 대비 더 높은 성능을 갖고 있습니다. 또한 시간이 흘러 PC의 성능이 부족하다고 느낄 때, 데스크탑 PC는 자유롭게 업그레이드가 가능하지만 노트북 PC는 일부 부품(메모리, 하드디스크 등)에 한정하여 업그레이드가 가능합니다.

그러나 데스크탑 PC는 웹캠이 없는 경우가 많아서 따로 구매해야 하는 단점이 있습니다. 평균적으로 웹캠은 HD급 화질의 경우 2만원 이상, FHD급 화질의 경우 5만원 이상의 가격대를 형성하고 있습니다. 만약 알리익스프레스(www.aliexpress.com)를 통해 중국 직구로 구매한다면 FHD급 화질의 웹캠은 1만 5천원 내외로 구입할 수 있습니다.

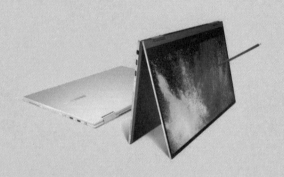

노트북 PC의 경우 웹캠이 기본적으로 내장되어 있고 이동이 자유로우나, 성능 대비 가격이 비싸다는 단점이 있습니다. 노트북 PC의 가격은 성능에 따라서도 차이가 나지만 화면 크기와 무게, 배터리 등에서도 큰 가격 차이를 보입니다. 또한, 터치스크린과 필압 지원 펜 필기 기능까지 포함한 고급형 노트북 PC도 있습니다. 이러한 노트북 PC를 사용하면 미술 과제 등을 더 높은 퀄리티로 완성할 수 있으나 가격이 대단히 비싼 단점이 있습니다.

가정에서 이미 사용 중인 PC가 있고 아이들이 수업 및 과제용으로 쓸 시간을 충분히 줄 수 있다면, 굳이 별도의 기기를 구매하지 않고도 훌륭히 온라인 과제를 수행할 수 있습니다.

스마트폰의 경우 이동성이 매우 높아서 학생들이 언제 어디서나 온라인 수업을 듣고, 과제를 수행할 수 있다는 장점이 있습니다. 스마트폰은 크게 OS에 따라서 안드로이드 OS를 사용한 스마트폰과 iOS를 사용한 애플의 스마트폰으로 구분할 수 있습니다. 어떤 기기를 사용해도 온라인 수업을 듣거나 과제를 하는데 어려움이 없습니다. 다만 iOS 스마트폰의 경우 대체로 안드로이드 OS를 사용한 스마트폰에 비해 가격이 비싼 편입니다.

　스마트폰의 경우 전면과 후면에 카메라가 있어 비디오 촬영 과제의 경우 바로 촬영하고 편집할 수 있어 매우 편리합니다. 또한 요즘 학생들은 오히려 PC보다 스마트폰에 익숙한 세대이기 때문에 사용법을 더 빠르게 익힐 수 있다는 장점도 있습니다.

일부 스마트폰의 경우 필압이 지원되는 펜 필기 기능을 제공하고 있어 양

질의 미술 과제 등을 수행할 수 있습니다.

　그러나 스마트폰으로 온라인 학습 및 과제를 수행하는 데는 여러가지 단점이 있습니다. 먼저 화면의 크기가 작아 학생들이 바른 자세로 수업을 듣거나 과제를 하기 어렵습니다. 화면의 크기가 작다보니 과제의 전체 내용을 살피기 위해서 화면을 자주 스크롤 해야하고, 작성 또한 불편합니다. 그리고 작은 화면을 조작하기 위해 고개를 내밀고 스마트폰을 쳐다보는 자세를 취하는 경우가 많은데 이러한 자세가 계속 유지되면 척추 측만증이나 시력 저하 등의 건강 문제를 가져올 수 있습니다.

　따라서 스마트폰으로만 모든 온라인 과제를 수행하는 것은 가능은 하나 추천하지 않습니다. 촬영 및 영상 편집 등과 같이 특정 분야에서 스마트폰을 적극적으로 사용하고, 문서 작업 등은 더 큰 화면을 가진 기기에서 하는 것을 추천합니다.

MEMO

_____

_____

_____

_____

_____

_____

_____

_____

_____

_____

_____

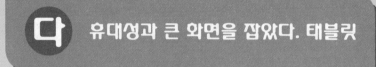

다 휴대성과 큰 화면을 잡았다. 태블릿

태블릿은 스마트폰과 동일한 프로그램을 사용하나 화면 크기가 약 10인치 정도로 다른 사용 환경을 제공합니다. 스마트폰과 마찬가지로 안드로이드 운영체제를 사용한 태블릿과 iOS 운영체제를 사용한 태블릿이 있습니다.

스마트폰으로 온라인 과제를 할 때의 치명적인 단점들은 주로 작은 화면 크기에서 비롯되므로 태블릿은 그러한 단점을 해결할 수 있는 좋은 기기입니다. 노트북에 비해 가격이 저렴하고 무게가 가벼워 학생들이 언제 어디서나 과제를 수행하고 온라인 수업을 들을 수 있습니다.

안드로이드 태블릿의 경우 저가형 중국산 태블릿은 10만원대에도 구입할 수 있을 정도로 매우 저렴합니다만 앱 호환성이 떨어지거나 터치 스크린 동작이 원활하지 않는 등의 문제가 있는 제품도 있으므로 주의하여 구입하여야 합니다.

 2020년 11월 기준 추천하는 안드로이드 태블릿은 삼성 갤럭시탭 S6 Lite입니다. 이 제품은 학생들이 사용하기에 충분한 성능을 갖고 있고, 펜 필기 또한 지원하여 온라인 과제 및 수업을 듣는데 최적화 되어 있는 제품입니다.

iOS 운영체제를 사용한 태블릿은 애플의 아이패드가 유일합니다. 대체로 아이패드가 안드로이드 태블릿에 비해 가격이 비쌉니다만 최근에는 교육용으로 사용하기에 적합한 보급형 모델이 출시되었습니다.

2020년 11월 기준 추천하는 교육용 아이패드 모델은 아이패드 8세대입니다. 아이패드 프로나 에어에 비해 성능은 다소 낮으나 학생 교육용으로 쓰기에는 전혀 부족함이 없습니다. 또한 애플 펜슬을 이용하여 펜 필기가 가능합니다. 가격은 용량에 따라 다소 차이가 있으나 40만원~50만원 대 정도로 형성되어 있습니다. 다만 갤럭시탭과는 다르게 펜을 별도로 구매하여야 하는데, 펜 가격만 10만원을 조금 넘는 가격입니다.

안드로이드 태블릿이나 아이패드 모두 온라인 과제를 수행하고 수업을 듣기에 전혀 부족함이 없는 기기입니다. 다만 과제를 원활하게 수행하기 위해서는 키보드 케이스나 블루투스 키보드를 추가로 구매하는 것을 추천합니다.

추천한 두 가지 모델의 태블릿은 최신 제품으로 사실 온라인 수업 및 과제를 하기에는 넘치는 성능을 갖고 있습니다. 만약 예산이 부족하다면 구형 모델을 중고로 구입하여 사용하여도 성능 상 문제가 되는 경우는 매우 드뭅니다. 다만 애플 사의 제품은 펜, 키보드 케이스 등의 액세서리가 매우 비싸

므로 이 점을 고려하여야 합니다.

　태블릿은 가격 측면에서나, 기능 측면에서나 온라인 수업 및 과제에 최적화되어 있는 기기입니다. 일선 학교에서도 학생 대여용 스마트 기기는 대부분 태블릿으로 대여가 되고 있는 실정입니다. 만약 집의 PC를 사용할 수 없고 학생 수업용 추가 기기가 필요하다면 태블릿 구매를 추천합니다.

크롬북은 구글의 크롬 OS를 사용하는 노트북 PC입니다. 2011년 처음 출시되어 현재 많은 나라에서 교육용 스마트 기기로 사용되고 있습니다. 우리가 주로 사용하는 노트북 PC는 윈도우 OS(또는 맥OS)를 사용하나 크롬북은 크롬 OS를 사용한다는 점이 다릅니다.

독자적인 OS인 크롬 OS를 사용하므로 기존의 노트북에서 사용하던 프로그램 중 실행이 안되는 프로그램이 많습니다. 성능 또한 고사양보다는 단순 문서 작업, 동영상 재생, 인터넷 서핑 정도에 적합한 성능을 가지고 있습니다. 쉽게 말해 노트북의 형태를 갖고 있지만 노트북 보다는 기능이 제한적인 PC라고 말할 수 있습니다.

그러나 이러한 점이 오히려 크롬북이 교육용 시장에서 점유율을 높이는데 주된 요소가 되고 있습니다. 본 책에서 소개하는 교육용 도구들은 대부분 웹 기반으로 동작하기 때문에 크롬북에서도 문제 없이 사용할 수 있으며 기능이 제한적이기 때문에 배터리를 오랫동안 사용할 수 있다는 장점이 있습니다. 또한 독자적인 크롬 OS를 사용하기 때문에 바이러스 등의 문제에서 자유로운 측면이 있고, 구글 ID로 손쉽게 기기 관리를 할 수 있습니다.

기능적으로는 안드로이드 태블릿과 겹치는 면이 많이 보이나 노트북 형태로 제작되었기 때문에 키보드와 마우스를 사용하여 손쉽게 과제를 수행할 수 있습니다. 만약 태블릿으로 동일한 사용 환경을 구성하려면 별도의 키보드 케이스 등을 구매하여야 할 것입니다.

크롬북은 구글의 문서도구, 구글 클래스룸, 구글 드라이브 등과 완벽한 연동을 자랑합니다. 특히 게임이나 학생들에게 부적절한 프로그램이나 사이트 등을 차단할 수 있어서 교육용 시장에서 높은 성장세를 보이고 있습니다.

　가장 기본적인 기능만 제공하는 크롬북의 경우 제조사별로 가격의 차이는 있으나 약 30만원 가량의 가격대를 형성하고 있습니다. 크롬북은 교육용 PC라는 목적에 맞게 떨어뜨리거나 물을 쏟았을 때 고장이 나지 않도록 내구성을 강화한 제품들이 많습니다. 기기의 절대적인 성능은 낮은 편이나 크롬 OS가 매우 가볍고 구동하는 프로그램 또한 대부분 웹에서 돌아가므로 실제 사용시에 버벅거림을 느끼는 일은 거의 없습니다.

360도 힌지, 펜 필기 등을 지원하는 고급형 크롬북 제품도 있습니다. 다만 이러한 제품들은 가격대가 50~60만원 가량의 가격대를 형성하고 있어 가격 대비 메리트가 다소 떨어지는 편입니다. 태블릿이나 PC의 경우 교육 목적 외에 다른 목적으로 쓸 수도 있다는 점이 아이들에게 독이 되기도 하는데, 오로지 교육용으로만 사용할 기기를 찾는다면 크롬북이 좋은 선택지가 될 수 있습니다.

가. 수학 학습지가 필요할 때는 일일수학

나. 스스로 공부하기 좋은 e학습터

다. 과학 실험 영상을 볼 수 있는 아꿈선

5장

학습시 유용한 앱과 사이트

무료 초등수학 프린트 학습지

일일수학

　수학 연산을 익히기 위해 많은 학생들이 수학 문제집 등을 구입하여 문제 풀이를 많이 합니다. 일부 학습지는 계산을 반복해서 학습하도록 하고 있습니다. 만약 자동으로 문제를 생성해주고 채점을 위한 답안지까지 바로 확인할 수 있는 사이트가 있는데 무료라면 쓰지 않을 이유가 없습니다.

더군다나 QR 코드를 이용하여 문제를 풀고 정답을 확인하게 하는 시스템
은 스마트폰 등을 많이 가지고 있어 쉽게 QR 코드를 확인할 수 있는 요즘
더욱 도움이 됩니다.

❶ 일일수학 사이트에 접속합니다.(https://11math.com). 상단에 있는 연산 문제지 메뉴를 클릭합니다.

❷ 학년을 선택하여 해당 학년 학습지가 모여있는 화면으로 이동이 가능합니다.

❸ 왼쪽의 메뉴를 클릭하면 학기와 단원 선택이 가능합니다. 계산 위주의 문제를 다루고 있기 때문에 없는 도형이나 그래프 등의 단원들은 없습니다.

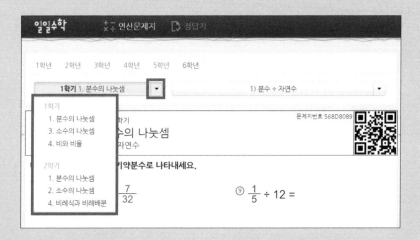

❹ 오른쪽의 메뉴를 클릭하면 해당 당원 내에서 세부적인 문제 유형을 선택할 수 있습니다.

❺ 오른쪽에 있는 출력하기 메뉴를 클릭하여 문제를 출력한 후 풀어봅니다.

❻ 문제를 다 풀었다면 아래쪽에 정답지 메뉴를 클릭합니다.

❼ 문제의 정답을 확인할 수 있습니다.

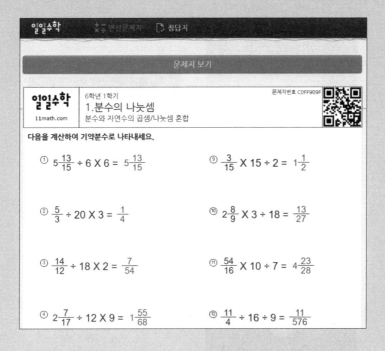

❽ 프린트한 문제지의 QR 코드를 휴대폰의 카메라 앱으로 찍는다면 정답을 바로 비교해 볼 수 있습니다. 컴퓨터 화면의 QR 코드를 찍어도 됩니다.

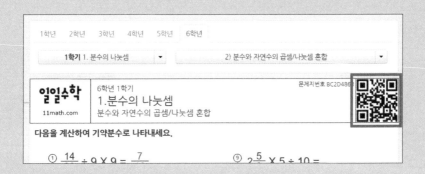

❾ 휴대폰 화면에서 다음과 같은 문구가 나타나서 클릭하면 정답을 휴대폰
에서 바로 확인할 수 있습니다.

❿ 다른 문제지 버튼을 누르면 새로운 문제가 나오고 풀 수 있습니다.

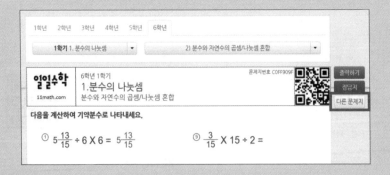

MEMO

_____

_____

_____

_____

_____

_____

_____

_____

_____

_____

_____

_____

e학습터는 국가에서 만든 교육 사이트로서 학생들이 스스로 공부하기에 좋은 환경을 갖추고 있습니다. 다양한 양질의 학습 동영상을 시청할 수 있고 학생이 스스로 단원을 선택하여 문제를 출제하고 풀어볼 수 있습니다. 문제를 풀고나서 즉시 채점이 되기 때문에 빠르게 학습해 나갈 수 있습니다.

또한 17개의 시도교육청에서 공동으로 운영하기 때문에 사이트 관리도 잘 되고 있습니다. 꾸준히 새로운 기능 업데이트도 됩니다. 국가에서 관리하는 사이트라 유료화되거나 할 걱정도 없기 때문에 편리하게 이용이 가능합니다.

책에서는 로그인 없이 사용하는 방법을 소개하지만 학교에서 발급받은 아이디를 사용하거나 가입을 하면 진도율 체크 등 더 많은 기능을 활용할 수 있습니다.

1 e학습터 사이트(https://cls.edunet.net)에 접속합니다. 해당지역 초, 중
학교를 클릭하여 접속하겠습니다.

2 화면이 나오면 '동영상을 더 보려면 클릭하세요.' 메뉴를 클릭합니다.

❸ 다음과 같이 학교급, 학년, 학기, 과목을 선택하면 아래쪽에 단원별로 강의 분류가 나타납니다. 아래쪽의 단원을 클릭합니다.

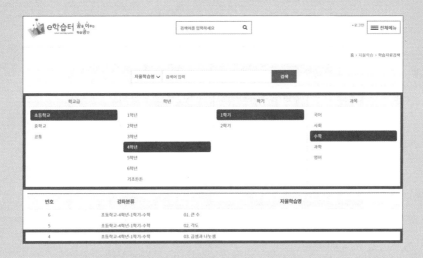

❹ 여러가지 영상 중 학습하고 싶은 차시의 영상을 선택합니다.

❺ 새로운 창이 나타나면서 학습이 가능합니다. 영상 하단에 재생 버튼, 타임라인 막대, 음량, 전체 화면 모드 등을 조정할 수 있습니다.

❻ 왼쪽 상단에 로고를 클릭하면 항상 메인화면으로 이동합니다.

❼ 마우스 휠을 돌려 아래로 내려가면 화면 오른쪽에서 초등/중학 평가 메뉴를 찾을 수 있습니다. 문제 풀기 버튼을 클릭합니다.

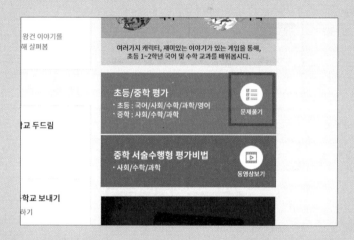

❽ 자율평가지 생성하기 메뉴가 나오면 학년, 과목, 학기, 단원을 선택합니다.

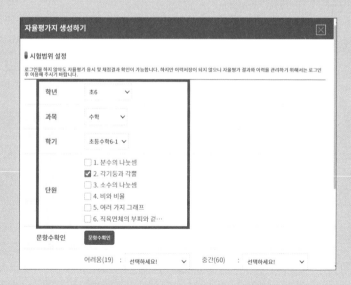

❾ 문항수 확인 버튼을 누른 후 난이도별 문제의 수를 선택해 줍니다. 평가
지명은 아무것이나 편한대로 입력한 후 평가하기 버튼을 클릭합니다.

문항수확인	문항수확인			
난이도	어려움(19) : 5 개 ⌄	중간(60) : 10 개 ⌄
	쉬움(40) : 5 개 ⌄	없음(0) : 선택하세요! ⌄
문항수	20			
평가지명	수학평가			

취소   평가하기

❿ 문제를 열심히 풀고 오른쪽 상단에 시험 끝내기 버튼을 누르면 내가 푼
답이 제출되며 채점됩니다.

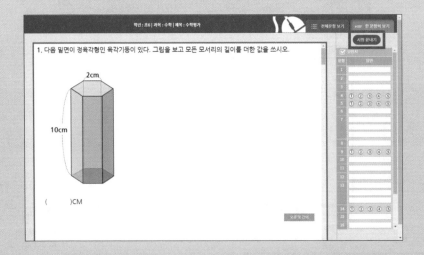

MEMO

_____

_____

_____

_____

_____

_____

_____

_____

_____

_____

_____

_____

다 과학 실험 영상을
볼 수 있는 아꿈선

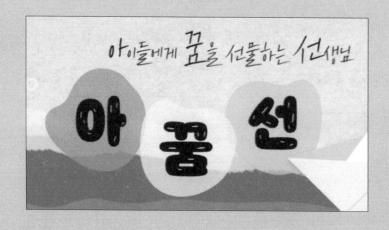

집에서 혼자 과학 공부를 하다 보면 문제가 있습니다. 학교에서 실험할 때에는 다 아는 것 같았는데 모르는 부분이 있어 생각해보면 실험 과정이 전부 생각나지 않습니다.

과학실험을 확인하려면 준비물이 필요한데 가정에는 지구본, 비커, 삼각 플라스크, 자석 등등의 재료들이 다 준비되어 있지 않은 경우가 대부분입니다.

이때 아꿈선 사이트를 이용하면 유튜브 영상을 통해 실험을 복습할 수 있다는 것이 장점입니다. 학년별로 잘 정리되어 있어서 실험 영상을 찾기도 쉽습니다.

❶ 아꿈선 사이트(http://www.아꿈선.com) 주소를 검색창에 치거나 아꿈선 검색을 통하여 홈페이지로 접속하여 사이트 상단에 마우스 커서를 가져갑니다.

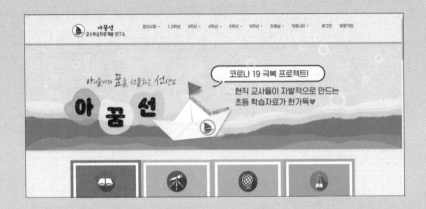

❷ 상단에 있는 메뉴 중 해당 학년에 마우스를 가져가면 학기별 메뉴가 나타납니다. 3학년 1학기 과학실험 영상을 클릭해 보겠습니다.

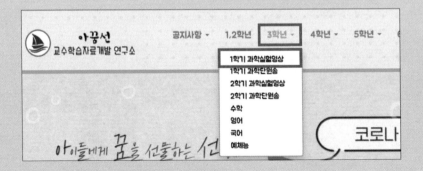

❸ 화면이 나오면 학습은 원하는 차시의 영상을 클릭합니다.

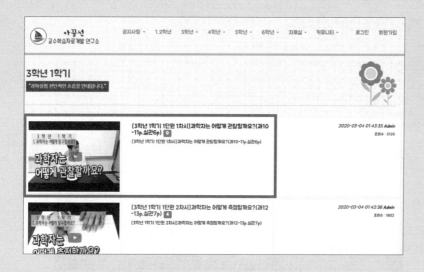

❹ 커다란 유튜브 화면 페이지로 이동되며 영상을 클릭하여 시청할 수 있습니다.

❺ 만약 발표나 숙제 등에 이 영상을 활용해야 한다면 유튜브로 이동하여 영상 공유 링크로 가져갈 수 있습니다. 영상 오른쪽 하단에 있는 유튜브 마크를 클릭합니다.

❻ 유튜브 채널에서 공유 버튼을 클릭하면 영상 주소를 복사하여 공유할 수 있습니다.

MEMO

_____

_____

_____

_____

_____

_____

_____

_____

_____

_____

_____

6장

구글 사이트 도구로

나만의 포트폴리오 만들기

웹사이트를 만들기 위해서는 도메인을 구입하고 연결하는 등의 절차를 거칩니다. 구글 사이트 도구는 이러한 절차 없이 내가 생각한 사이트를 간단하게 만들어 볼 수 있습니다. 사이트 도구 안에 유튜브와 같은 동영상 탑재, 이미지, 설문지, 스프레드시트, 프레젠테이션 자료까지 삽입할 수 있습니다.

따라서 내가 작성한 자료들을 모아두거나 사이트로 공개할 때 구글 사이트 도구를 쓰면 유용합니다. 내 구글 드라이브에 모인 자료들을 이용하여 페이지를 만들어 봅시다.

❶ 구글 사이트 도구(https://sites.google.com/new)에 접속합니다. 오른쪽 화면 아래 + 버튼을 눌러서 새 사이트를 만들어 보겠습니다.

❷ 제목 부분을 클릭하여 사이트의 제목을 입력해 줍니다.

❸ 오른쪽 옆에 있는 텍스트 상자를 클릭합니다. 원하는 글을 입력합니다.

❹ 레이아웃 모양을 선택하여 사진과 글을 쉽게 선택할 수 있습니다.

❺ 화면에서 +로 된 부분을 클릭합니다. 이미지 선택을 클릭해 보겠습니다.

❻ 구글 이미지 검색을 선택한 다음 '피카소'를 입력하였습니다. 마음에 드는 이미지를 더블클릭하여 선택합니다.

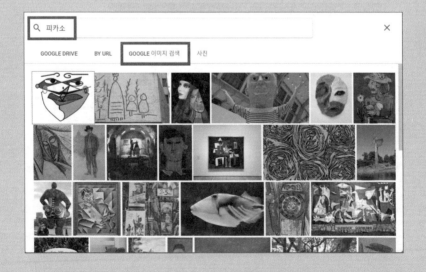

❼ 이미지가 삽입된 것을 확인할 수 있습니다.

❽ 사진에 관한 내용 설명을 옆에 적어 넣습니다.

❾ 만든 사이트를 외부에 공개하는 방법을 알아보겠습니다. 사이트 오른쪽 상단에 다른 사용자와 공유 메뉴를 클릭합니다.

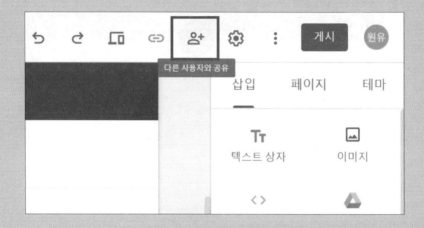

❿ 아래쪽에 링크 부분에 변경 버튼을 클릭합니다.

⓫ 게시된 사이트에 접근할 수 있는 권한을 전체 공개로 설정한 후 완료 버튼을 클릭합니다.

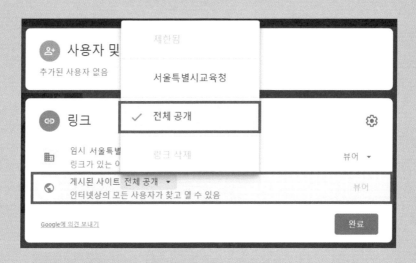

⓬ 화면 오른쪽 상단의 게시 버튼을 클릭합니다.

⑬ 사이트 끝에 붙을 이름을 영어로 붙인 후 게시 버튼을 클릭합니다.

내 사이트 게시

웹 주소

myart ⊘

https://sites.google.com/sonline20.sen.go.kr/**myart**

내 사이트를 볼 수 있는 사용자
모든 사용자 관리

검색 설정
☐ 공개 검색엔진에 내 사이트가 표시되지 않도록 요청. 자세히 알아
보기

취소 게시

⑭ 게시된 사이트의 링크를 복사할 수 있는 버튼이 활성화됩니다. 버튼을
클릭하여 복사한 링크를 공개하면 주소를 받은 사람들이 접속할 수 있
습니다. 또는 앞에서 만든 https://sites.google.com/sonline20.sen.
go.kr/myart 주소를 알려주어도 접속이 가능합니다.

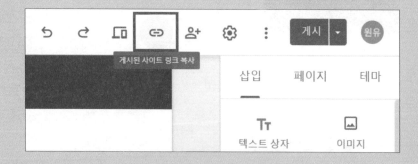

MEMO

_____

_____

_____

_____

_____

_____

_____

_____

_____

_____

_____

_____

홈페이지에 영상을 업로드 하기 위해서 이전에는 html 태그를 손보거나 링크를 클릭해서 재생되게 해야 했습니다. 구글 사이트 도구는 유튜브를 바로 삽입할 수 있으며 화면에 알맞은 크기로 띄울 수 있기 때문에 매우 편리

합니다. 또한 내 유튜브 채널에 있는 영상 중 특정 영상들을 선택적으로 공개할 때 이용해도 좋습니다.

　이미지를 삽입할 때에는 구글 포토랑 연동이 되기 때문에 구글 포토에 있는 이미지를 바로 불러와서 삽입이 가능합니다. 휴대폰 사진으로 찍은 이미지를 구글 포토에 자동업로드 한 후 웹사이트를 바로 꾸밀 수 있어서 시간을 줄여줍니다.

① 마우스 휠을 돌려 사이트 도구 오른쪽 편에서 'youtube' 메뉴를 찾습니다.

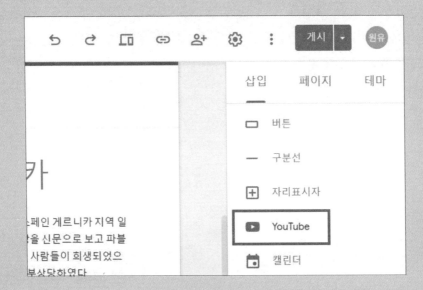

② 원하는 검색어를 치거나 유튜브 영상의 링크 주소를 붙여 넣은 다음 돋보기 모양의 검색 버튼을 클릭합니다.

❸ 영상이 목록에 표시되면 클릭한 다음, 아래쪽의 선택 버튼을 클릭합니다.

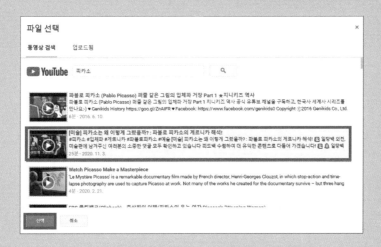

❹ 영상이 사이트에 삽입됩니다. 모서리 부분에 있는 파란점을 마우스 왼쪽 부분으로 클릭한 다음 크기를 조절할 수 있습니다.

⑤ 이번에는 이미지를 삽입해 보겠습니다. 앞에서는 정해진 프레임 안에 이미지를 넣었지만 이번에는 자유로운 크기로 이미지를 삽입합니다. 이미지 메뉴를 클릭합니다.

⑥ 컴퓨터에 가지고 있는 파일이 있다면 업로드 버튼으로 파일을 올리면 되고 웹이나 구글 드라이브에서 검색하려면 선택 버튼을 클릭합니다. 여기에서는 선택을 클릭해보겠습니다.

❼ 구글 드라이브에 있는 사진을 선택해서 넣을 수 있습니다.

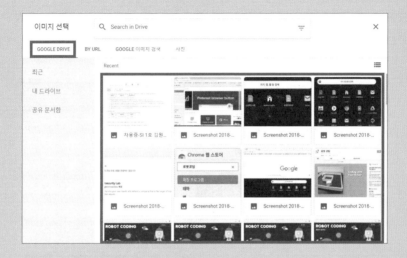

❽ 구글 포토에 있는 사진을 넣을 수도 있고 이미지 검색을 선택하여 웹에 있는 이미지를 검색하여 넣는 등 다양한 방법으로 이미지 삽입이 가능합니다.

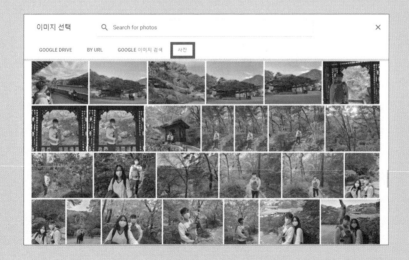

❾ 삽입한 이미지는 드래그하여 위치나 크기 조정이 가능합니다. 화면 상
단에 미리보기 버튼을 클릭하여 웹사이트에서 보이는 모습을 확인합니
다.

❿ 웹사이트에서 이상이 없으면 사이트를 게시하여 웹사이트에 업로드한
사진이 표시되게 합니다.

MEMO

_____

_____

_____

_____

_____

_____

_____

_____

_____

_____

_____

_____

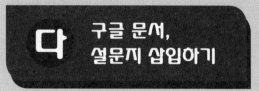

다 구글 문서,
설문지 삽입하기

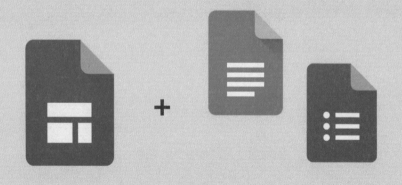

웹사이트 화면에 구글 문서나 설문지를 탑재하여 방문자들이 바로 작성하
거나 내용을 살펴볼 수 있게 하는 것은 사이트 도구의 또 하나의 장점입니
다. 내가 가진 문서들을 복잡한 가공없이 홈페이지 화면에 공개할 수 있습니

다. 문서가 가진 공동작업 기능도 그대로 활용할 수 있어 포트폴리오 공개가 쉽습니다.

구글 설문지 또한 화면에 탑재하여 웹사이트 구경을 마치고 설문조사에 답하게 하거나 확인 문제를 풀어보게 하는 용도로 사용할 수 있습니다.

❶ 마우스 휠을 돌려 사이트 도구 오른쪽 편에서 '문서' 메뉴를 찾습니다.

❷ 다음과 같이 구글 드라이브에 있는 문서들이 나타납니다. 돋보기 모양
을 클릭합니다.

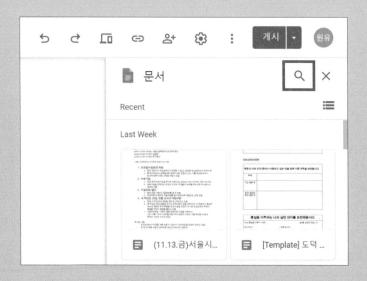

❸ 검색한 단어와 관련된 문서들이 나타납니다. 원하는 문서를 더블클릭
하거나 문서를 선택한 다음 INSERT 버튼을 클릭합니다.

❹ 사이트 화면에 내가 선택한 문서가 들어간 것을 볼 수 있습니다. 모서리의 파란점을 클릭하여 사이트에서 구글 문서가 보이는 크기를 조절할 수 있습니다.

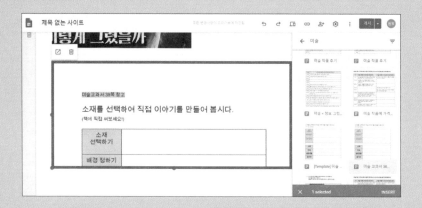

❺ 화면 상단에 미리보기를 클릭하여 내가 삽입한 문서가 어떻게 표시되는지 살펴보겠습니다.

❻ 사이트 방문자가 구글 문서를 보거나 수정 권한이 있으면 수정할 수 있고 오른쪽 상단에 있는 메뉴를 클릭하면 구글 문서 페이지로 이동합니다.

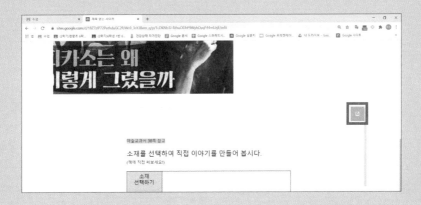

❼ 구글 문서가 열리면 공유 버튼을 클릭하여 방문자가 수정이 가능하게 하거나 댓글을 달도록 설정할 수 있습니다.

8 이번에는 구글 설문지를 삽입해 보겠습니다. 구글 사이트 도구 오른쪽 화면에서 설문지를 찾아 선택합니다.

9 최근 만든 구글 설문지가 나타납니다. 검색 버튼을 눌러 원하는 단어가 들어간 설문지를 찾을 수 있습니다.

❿ 구글 문서와 동일하게 더블클릭하거나 버튼을 눌러 삽입하면 사이트에 삽입되니 구글 설문지를 볼 수 있습니다.

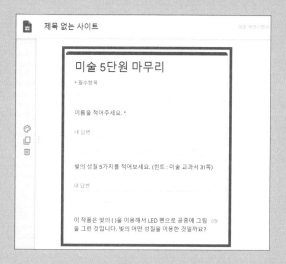

⓫ 사이트를 방문한 방문객들은 화면을 이동하지 않고 구글 사이트 화면에서 구글 설문지에 제시된 질문에 답할 수 있습니다.

책에서 다룬 내용 외에도 구글에서 유용하게 쓸 수 있는 사이트가 있습니다. 구글 아트앤컬쳐는 다양한 화가의 미술작품을 구경할 수 있는 훌륭한 갤러리입니다.

특히 프로젝트 페이지(https://artsandculture.google.com/project/

games)에는 재미있는 프로그램이 많습니다. 아트 컬러링 북은 온라인에서 색칠을 할 수 있는 프로젝트로 명화에 다양한 색칠을 해볼 수 있습니다.

퍼즐 파티 프로젝트는 다양한 명화를 퍼즐로 조립해 볼 수 있습니다. 집중력도 향상시키고 명화도 익히는 좋은 기회가 되겠습니다.

What came first?(무엇이 먼저일까요?) 프로젝트는 두 작품들 중에 먼저 만들어진 작품을 고르는 게임으로 미술사에 대한 상식을 높일 수 있습니다.

이처럼 찾아보면 찾아볼수록 웹에는 다양한 자료들이 많습니다. 특히 구글은 재미있는 실험들을 많이 하고 있습니다. 이 책을 읽는 독자 여러분도 꾸준히 온라인에서 재미있고 유익한 자료들을 찾고 탐구해 나가길 바랍니다.

MEMO

_____

_____

_____

_____

_____

_____

_____

_____

_____

_____

구글과 친해지기
초등생 스마트 스쿨 공부법

초판 1쇄 발행 2021년 1월 2일

지은이   김원유 · 김경상
펴낸곳   도서출판 정일
편집인   이병덕
디자인   이은경
주소   경기도 파주시 한빛로 11
대표번호   031) 946-9152
팩스   031) 946-9153
전자우편   jungilb@naver.com
출판신고   1998년 8월 25일 제3-261호
ISBN   978-89-5666-294-7 (63000)
정가   15,000원